Purchased with a
**GLOBAL LANGUAGES
MATERIALS GRANT**
from the California State Library

Funded by the U.S.
Institute of Museum
and Library Services
under the provisions
of the Library
Services and
Technology Act,
administered in
California by the
State Librarian

**CALIFORNIA
STATE LIBRARY**
FOUNDED

D1020088

LEONARDO DA VINCI

SARA CUADRADO

Colección
Grandes Biografías

© EDIMAT LIBROS, S.A.
C/ Primavera, 35 Pol. Ind. El Malvar
Arganda del Rey - 28500 (Madrid) España
www.edimat.es

Título: *Leonardo da Vinci*
Autor: *Sara Cuadrado*
Diseño de cubierta: *Juan Manuel Domínguez*

ISBN: 84-8403-853-X
Depósito legal: M-29685-2003

Imprime: *LAVEL Industria Gráfica*

IMPRESO EN ESPAÑA - PRINTED IN SPAIN

JAN 1 3 2005

INTRODUCCIÓN

Fue "el Hombre" en un sentido excepcional

Cuando cualquier persona se enfrenta a la reconstrucción de la biografía de Leonardo da Vinci, después de haber estudiado exhaustivamente su vida, la primera pregunta que surge es ésta: "¿Sabré transmitir la admiración, la veneración, que siento a quienes me vayan a leer?"

En un mundo donde se han agotado los adjetivos al proclamar el valor de los deportistas más recompensados en la historia del atletismo, o al hablar de las grandes estrellas del espectáculo, ¿qué queda para los superhombres del pensamiento?

Nadie ha marcado límites. Cada uno barremos para el terreno que nos gusta. Sin embargo, ante un ser humano que merece ser llamado "Hombre" en un sentido excepcional de la palabra, debemos afrontar el desafío de ser objetivos. ¿Lo lograremos?

Cuando Leonardo nació el Renacimiento italiano estaba brotando; y él sería uno de los titanes que le concederían mayor esplendor. Más de mil años de silencio cultural, de mirarse al ombligo las oligarquías religiosas, monárquicas y mercantiles, habían paralizado la cultura. Sólo cuando en la Córdoba musulmana y universal se ofrecieron los escritos de los antiguos griegos y romanos, junto a los pensamientos árabes, los sabios más inquietos comenzaron a despertar al conocimiento llegando a aquella ciudad abierta. Dos siglos más tarde, en la Florencia de los Médicis se pediría más; y Leonardo y otros gigantes lo ofrecerían. Porque realmente todo se hallaba por descubrir.

Unos ojos siempre abiertos

Leonardo da Vinci abrió los ojos y vio. A partir de este momento, en lugar de formular preguntas a quienes no se las podían brindar, buscó las respuesta por sus propios medios. Las tenía a su alrededor. Observando fijamente, con la mente relajada, fue desarrollándose su intuición. ¡Mágica intuición!

Tan acertada en las ideas que provocaba a una mente siempre despierta, que los errores eran mínimos. Y si éstos llegaban, se disponía de tiempo para rectificar. Pero Leonardo no era un solitario, aunque en muchas ocasiones lo pareciera. Contó con las ayudas oportunas, con esas personas que, ignorando que son unos pedagogos "sin escuela", conocen la manera de enseñar con ejemplos prácticos y, sobre todo, con sus propias experiencias.

Si encima se encontraban frente a un alumno que absorbía los conocimientos a la manera de un esponja, que jamás permitirá que la presionen para no perder el líquido de la información más interesante, se sentían estimulados para seguir enseñando...

Una gran aventura intelectual

El talón de Aquiles de Leonardo fue su condición de ciudadano de una sociedad, aunque se hallara en la hermosa Florencia, dominada por una aristocracia que mantenía el concepto medieval de "ser dueños de las vidas y haciendas de sus súbditos". Necesitado de dinero para subsistir, debió buscar "protectores" o mecenas, algunos de los cuales eran verdaderos tiranos. Y tuvo que halagarlos; sin embargo, al convencerlos de que era un artista único, "el imprescindible", pudo hacer lo que quiso, para bien de la Humanidad entera.

Leonardo buscó la perfección, ¡y la obtuvo! Toda la vida la sometió a esta sublime empresa: la superación permanente. Para ello debió entregarse a unas experiencias que constituyen una aventura casi épica, sobre todo en el terreno intelectual.

CAPÍTULO I

UN JOVEN CON SENTIDO COMÚN

No fue un bastardo más

Leonardo nació a las tres de la madrugada de un sábado, que correspondió al 15 de abril de 1452. Hacía mucho calor en la aldea toscana de Verdi. La casa no podía ser más humilde, debido a que Caterina, la joven madre, era una sencilla moza de taberna, acaso demasiado hermosa. Por eso había sido seducida por ser Piero, un joven notario, que se negó a casarse con ella, aunque asumió el compromiso de correr con los gastos de manutención de la criatura que viniese al mundo.

En aquellos tiempos los bastardos eran tan normales que se hallaban reconocidos sus derechos. No suponía ninguna deshonra hacer pública esta situación, a pesar de que los padres se negaran a tenerlos cerca porque, como le sucedió a ser Piero, deseaban contraer un matrimonio más importante. Desde la Edad Media los reyes y los grandes nobles llevaban un registro de los lugares donde habían hecho el amor con alguna moza apetecible, para así reconocer sólo a aquellos bastardos que les podían ser atribuidos "legalmente".

Por una insuficiencia que se desconoce, la madre no pudo dar de mamar al niño. Y ante la imposibilidad de recurrir a una nodriza o a una mujer que acabase de parir y dispusiera de leche suficiente para alimentar a dos criaturas, se empleó una de las cabras de cierta vieja que vivía en las cercanías. Semanas después, cuando ya se había establecido el vínculo alimenticio, se corrió la voz por la comarca que la vieja era una bruja.

7

Aquello se consideró una jocosa anécdota, que no tardó en ser medio olvidada.

No obstante, con el paso del tiempo adquiriría una gran importancia. Sobre todo cuando las gentes comenzaran a advertir que el bastardo era un joven demasiado singular. No le gustaba participar en los juegos de los otros niños, ya que prefería escapar al campo y a la montaña, donde llegaba a desaparecer días enteros. Pastores, leñadores y caminantes que pudieron verle, contaban que siempre se hallaba como abstraído, quieto y mirando a un mismo punto sin parpadear. Actitud que se consideró propia de un pequeño brujo.

A los cinco años tuvo un padre

El hecho de que Caterina, la madre de Leonardo, estuviese recibiendo algún dinero de micer Piero, el notario que la sedujo, se lo debía al padre de éste, ser Antonio. Caballero respetuoso de las formas, obligó a que se le buscara un marido a la moza. Es posible que hasta tuviera que pagar a Accattabriggi di Piero de Vacca, un infeliz campesino, para que aceptase a la madre de un bastardo. Poco hubo que rogarle, porque iba a disponer de una de las más bellas mujeres de la región. También de la má resignada a su suerte, debido a que se casó sin amor, al dejarse convencer de que su hijo nunca debía criarse en el hogar de una soltera.

En realidad era demasiado sumisa, y hubiese tolerado cualquier otra situación. Es posible que llorase en silencio, meses después, al saber que el notario se había casado con Albiera, una rica heredera de dieciséis años que aportó una gran dote al matrimonio. Años más tarde, el destino pareció inclinarse a su favor, aunque sólo fuera una vez, ya que al no poder tener descendencia esta pareja, ser Antonio ordenó a su hijo que reconociera al bastardo.

Desde aquel momento la situación familiar del niño quedó legalizada con este documento:

"Leonardo, hijo del mencionado Piero, iligitamente nacido de la unión de él con Caterina, en la actualidad esposa de Accattabriggi di Piero del Vacca de Vinci, de cinco años de edad..."

El escrito fue algo más que un reconocimiento público. Semanas más tarde, el jovencito se vio separado de su madre legítima, para que fuese educado en la gran casa de monna Lucia di Piero de Soni de Barcanetto, esposa de ser Antonio y, por tanto, su abuela paterna. Y de nuevo se puso de manifiesto la mansedumbre de Caterina, ya que nunca hubiera podido ver a su hijo, de no ser por las muchas veces que éste se escapaba por las noches, sin ser descubierto, para satisfacer la necesidad que ambos sentían de abrazarse y cruzar algunas palabras.

¿Un sueño premonitorio?

Leonardo da Vinci dejó infinidad de escritos, algunos de ellos con notas personales. Curiosamente, mientras realizaba la descripción del vuelo de los pájaros, súbitamente dejó que apareciese esta experiencia de su infancia:

En el más lejano recuerdo de mi niñez surge en mi memoria el hecho de que, encontrándome todavía en la cuna, vino sobre mí un milano. Me abrió la boca con su cola y, repetidamente, me golpeó con esa cola entre los labios. Es posible que estuviera indicándome mi destino.

Cuando Sigmund Freud, el creador del sicoanálisis, escribió "Un recuerdo sobre la infancia de Leonardo da Vinci", consideró que ese milano era de verdad un buitre dedicado a matar gallinas vivas. Y lo identificó con ser Piero, pues había atacado a la indefensa Caterina para dejarla embarazada y más tarde, cuando le convino, arrebatarle el hijo sin dar muestras de piedad.

En este sueño late una realidad más sutil: la imposibilidad de Leonardo para relacionarse sentimentalmente con las mujeres. Las conocerá como nadie, lo que pondría de manifiesto en sus retratos; sin embargo, jamás tendría ni siquiera una novia, aunque sí sufriría un desconsuelo amoroso, casi a un nivel platónico, que no sabría resolver por culpa del miedo a ser rechazado. Claro que este momento será mejor que lo contemos a su debido tiempo.

De lo que no cabe la menor duda es que ese milano, o buitre, introdujo en la mente del niño Leonardo la idea de que no era como los demás. Su destino en nada se debía parecer al que esperaba a cualquiera de los chiquillos de su misma edad con los que iba a cruzarse en los caminos, las calles y las plazas. Había nacido para ser libre. Poseía las alas de la imaginación, a las que ayudaría con unas piernas, unos brazos y una mente siempre activos.

Su escuela era la Naturaleza

Cuando Leonardo comenzó a ir a la escuela, sorprendió a todos por la rapidez con que aprendió las letras y la escritura. El maestro sólo necesitaba enseñarle una muestra para que él la copiase a la perfección en su primer intento. Además, retenía las palabras que le interesaban sin olvidarlas, de ahí que ya supiera leer mientras los demás alumnos todavía estaban uniendo torpemente las primeras sílabas.

Este prodigio se lo debía a su afición a los trabajos manuales, en los que fue entrenado por su madre y las otras mujeres de la casa antes de que se pusiera en la vertical para comenzar a andar. Nadie necesitó colocarle un juguete delante, entregarle un poco de cáñamo o indicarle cómo se maneja un palo para trazar formas en el barro. Únicamente necesitaba ver, sentirse interesado y, al momento, ya estaba repitiendo el movimiento de las manos que entretejían el cáñamo, dibujaban toscas figuras en el blando suelo o preparaban un sencillo adorno de flores.

Y como el maestro no supo qué hacer con Leonardo, al que de buena gana hubiera seguido enseñando, debido a que estaba obligado a cuidarse de los otros veinticuatro alumnos, respiró aliviado ante sus continuas ausencias. El hecho es que iba descubriendo, al mismo tiempo, que éstas coincidían con la desaparición de algunos escritos y notas, que a los pocos días eran devueltos, a cambio de que faltasen otros papeles. Una circunstancia que le permitió comprender que el "jovencito brujo" se estaba autoenseñando, gracias a que sabía leer y, lo ideal, comprender el texto sin necesidad de que nadie se lo explicara.

Leonardo tomó la Naturaleza como su primera escuela desde que comenzó a andar.

¿Nadie? Leonardo se estaba sirviendo de la Naturaleza como su profesora. En esos momentos que permanecía ensimismado y quieto en cualquier lugar de monte Albano, eran sus ojos los que se mostraban más activos. Porque no dejaba de seguir el desplazamiento de las nubes, del agua, de las hormigas o las abejas mientras revoloteaban sobre las flores más suculentas. Su mente despierta relacionó estas acciones con la vida en general; y a sus cinco o seis años comprendió la interdependencia que existía entre todas las criaturas vivas, las plantas, los árboles, el agua, las rocas, la tierra y el aire. Cada uno de los fenómenos naturales respondía a un mecanismo misterioso, casi siempre lógico, cuyas alteraciones principales tenían mucho que ver con la acción directa del sol, el viento, la lluvia y las cuatro estaciones del año.

El amor a los animales

Se cuenta que Leonardo dejó de comer carne desde el momento que debió escapar, para que nadie le pudiera contemplar mientras vomitaba al haberse tropezado con la matanza de un cerdo. Unos minutos antes, mientras subía a la aldea, había podido escuchar los gruñidos estremecedores de la bestia. Esto le permitió intuir lo que sucedía. Sin embargo, debió contemplarlo para salir de dudas. Y ante el horrible espectáculo de la muerte más despiadada, se alejó de allí con la mayor celeridad.

Poco después, con el estómago más aliviado al haberle desaparecido la nausea, aunque con toda la vergüenza en la mente, se dijo que jamás probaría la carne. No quería hacerse cómplice de esa barbarie humana. Mantendría la promesa hasta el final de sus días, sin que existan testimonios de que la quebrantase ni una sola vez.

En medio de la montaña, junto a los ríos, en las llanuras o al pie de los molinos de agua, había aprendido sus mejores lecciones observando el metódico comportamiento de los animales. También pudo comprobar que el águila o el halcón daban caza a los conejos, lo mismo que hacían otros animales para poder alimentarse. En este caso la situación era muy distinta, debido a que el depredador lo necesitaba para seguir viviendo, mientras que los seres humanos podían dejar de matar a las bestias, ya que disponían de innumerables vegetales con los que alimentarse.

Con esta acto de rebeldía, no pretendió convertirse en el ejemplo de los demás, ni buscó otro elemento de confrontación con sus paisanos. Pero lo consiguió. En casa, su abuela no se opuso a esta decisión de su nieto, porque le consideraba tan responsable como un adulto. Además, el cambio de la dieta no resultaría tan drástico, ya que su "amado Nardo" uniría a los vegetales la leche, los huevos y el pescado.

Muy distinta fue la reacción de los familiares y amigos, debido a que las escasas veces que fue invitado a una fiesta, pudieron observar que rechazaba los asados, las empanadas de embutidos y tantos otros bocados cárnicos. En seguida alguien recordó que las brujas acostumbraban a ser vegetarianas, por lo que se consideró "lógico" que el "amamantado con leche de una cabra embrujada" hubiese adquirido esa costumbre.

Una de las pocas mañanas que Leonardo se presentó en la escuela, pudo ver que cuatro chicos estaban persiguiendo a un topo con palos y piedras. Todavía no le habían alcanzado, pero tardarían poco en conseguirlo debido a que le habían cerrado todas las vías de escape. Entonces, él se lanzó a por los dos salvajes que tenía más cerca, los derribó en el suelo y pudo desarmarlos. Era más fuerte que ellos, ya que los sacaba la cabeza y se hallaba mejor musculado.

La situación se complicó en el momento que intervinieron los otros dos chicos. Con los cuatro a Leonardo le fue imposible combatir, a pesar de que ofreció una gran resistencia. Y mal le hubiese ido de no aparecer, en aquellos momentos, el capataz de una casa cercana. Un hombre de grandes manazas, recias piernas y piadoso corazón, que metiéndose en medio de los agresores los separó de su víctima. Y mientras la levantaba, a ésta aún le quedaron ganar de reír porque acababa de ver como el topo se perdía entre la maleza, a salvo de cualquier enemigo. Allí tenía la prueba de que su sacrificio no había sido inútil.

Leonardo era zurdo

Son muchos los historiadores que resaltan el hecho de que Leonardo pudo haber aprendido a escribir con la mano derecha, dado que en su familia todos eran diestros. Pero él prefirió servirse de la izquierda, con lo que dio otro motivo de crítica a quienes le consideraban un "joven brujo". Hacía muchos años que los zurdos habían dejado de ser considerados endemoniados, sin que ello hubiese eliminado de las gentes una evidente preocupación o malestar ante quienes eran distintos, especialmente a la hora de escribir.

Es posible que el miedo de los vecinos de Vinci quedase aliviado al comprobar que el muchacho era ambidiestro en todas sus demás acciones. Bien es cierto que Leonardo procuraba relacionarse muy poco con las gentes, lo que terminaba por conseguir que se le olvidara largas temporadas.

Al mismo tiempo, proseguía con su singular educación: asistía a las clases muy pocas veces, sin dejar de seguir llevándose los escritos y las notas que más le convenían. Teniendo en cuenta lo mucho que llegó a aprender, resulta incomprensible que fuese un autodidacta cuyo formación se la debiera a la Naturaleza y a una prodigiosa facultad de observación y, sobre todo, de deducción. Como una especie de innato sentido común, que le permitía ampliar sus estudios geométricos observando las sombras de los árboles y las rocas, las grandes distancias y las infinitas formas que adquirían las ramas y las plantas.

Es posible que Leonardo tuviese algún profesor particular, del que nada sabemos, ya que su abuela disponía del suficiente dinero para pagarlo. También cabe suponer que esta mujer poseyera unos grandes conocimientos que supo transmitir a su nieto. De cualquier forma cuesta aceptar que este chiquillo llegara a aprender tanto con la simple ayuda de un maestro de escuela y sus continuos paseos por el campo, la montaña, las orillas de los ríos y los valles.

¿Y si todo se debiera a una genial intuición?

Un día que Leonardo paseaba sin un rumbo fijo, quedó atrapado por una insólita realidad: la actividad de los albañiles que estaban comenzando a construir un gran edificio. Llevaba varias semanas sin recorrer aquellos parajes, lo que le había impedido contemplar el desbroce del terreno, los primeros trabajos para trazar los límites de la construcción y el montaje de los andamios.

La atención de Leonardo quedó atrapada por la construcción de una villa.

Sin querer perderse ni un solo detalle de lo que allí estaba sucediendo, se tumbó en el suelo y comenzó a seguir aquella continua actividad. Y como su gran interés lo fue demostrando un día tras otro, termino por llamar la atención de un arquitecto florentino llamado Biagio de Rávenna, que había aprendido su oficio al lado de Alberti, el más famoso constructor de iglesias y palacios de la Alta Toscana.

-¿Qué te interesa tanto, chiquillo? -preguntó una tarde, después de sorprender a Leonardo dibujando en unos papeles.

-Vuestro trabajo, maese Biagio. ¡Es tan hermoso ver crecer un edificio de un suelo donde antes nada existía! -contestó el despierto joven sin poder contener su entusiasmo.

-Veamos tu dibujo... -El arquitecto ya tenía el papel en las manos. Mientras lo observaba sus primeras muestras de asombro habían dado paso a una expresión de incredulidad, que no dudó en hacer patente-: ¿Es posible que lo hayas hecho tú solo? Sí, nadie ha podido ayudarte... Aquí están los andamios, los hombres que levantan el muro exterior del ala norte, los mulos que traen las cargas de ladrillos... ¿Quién te ha enseñado perspectiva y el equilibrio de las proporciones para reflejar con tanta exactitud la realidad?

-No sé de qué estáis hablando, micer Biagio.

-Me refiero a unas técnicas que a muchos pintores y dibujantes les ha costado toda una vida aprender. Cuando tú lo has conseguido con un fabuloso poder de intuición.

-Sólo he plasmado lo que veía.

-Pero lo has hecho sirviéndote de la geometría. Estas primeras líneas que trazaste con el carboncillo te han servido como referencia, para luego ir colocando cada motivo en su lugar correcto. ¡Sorprendente!

Aquel hombre de carrera, que había sido alumno de unos de los más grandes arquitectos, estaba descubriendo que un niño poseía conocimientos que a muchos hombres les llevó largos años conseguir. Y fascinado ante aquella genial intuición, convirtió a Leonardo en su compañero casi permanente durante

más de diez meses. En este tiempo le enseñó a manejar el gonió-
metro con el que se comprobaba el alineamiento de las piedras,
a utilizar las distintas máquinas y, sobre todo, le introdujo en el
terreno de las altas matemáticas, como el álgebra, la mecánica y
la física.

-No te limitas a absorber lo que yo te expongo, sino que
lo interpretas. Cuando lo repites, son tuyas las palabras que
escucho, sin que por ello dejes de ser fiel a mis enseñanzas
-repetía continuamente el voluntarioso profesor, animado a pro-
seguir al estar comprobando que con Leonardo no perdía ni un
minuto del tiempo que le dedicaba.

En realidad esta relación no sólo era verbal, pues se
acompañaba con libros, apuntes y notas que el chiquillo con
sentido común leía en casa, especialmente durante las noches y
los domingos que le era imposible encontrarse en la obra.

Cuando el edificio se convirtió en una villa

A lo largo de aquellos diez meses de intensa relación
entre el arquitecto y Leonardo, el hermoso edificio había terminado convirtiéndose en una enorme villa. Allí no faltaban los
mayores lujos: jardines perfectamente trazados, estanques con
cisnes, glorietas adornadas con rosales y otras plantas aromáti-
cas y pabellones de recreo.

El lugar más bien parecía un palacete, digno de
Pandolfo Rucellari, que era uno de los más ricos mercaderes de
Florencia. Antes de que se produjera la separación de los dos
amigos, verdaderos aliados a pesar de la edad que los separaba,
el arquitecto Biagio consiguió que al joven se le dejará entrar en
la villa siempre que lo deseara.

Aquellas puertas quedaron abiertas a la curiosidad del
precoz investigador, para el cual no existían misterios ante los
que se detuviera. Sabía que muchas veces sería incapaz de
encontrar la respuesta definitiva, lo que jamás le quitó el sueño.
Lo suyo consistía en plantearse el caso después de haberlo intui-

do, más tarde experimentarlo y, por último, esperar los resultados. Todo un puro ejercicio de sentido común.

Quizá vivió durante aquellos veinte o treinta días los momentos más dichosos de su existencia. En el interior de la villa todo parecía hallarse a su disposición, en raras ocasiones se encontraba con alguno de los numerosos jardineros y mozos, además de hallarse libre de las críticas de sus paisanos. Continuamente dibujando, realizando cálculos matemáticos o trazando figuras geométricas, cuando no seguía a una prudente distancia como empollaba los huevos el cisne o se comportaban las aves encerradas en unas jaulas gigantescas.

CAPÍTULO II

EL COMPENDIO DE LA BELLEZA ERA UNA JOVEN

Aquella noche de septiembre...

La familia Rucellari había pasado las vacaciones en la villa; mientras tanto, Leonardo se movía por el interior de la misma sin que nadie le impusiera un límite. Pero una noche de septiembre se produjo un encuentro inesperado, uno de esos instantes que marcan la vida de un hombre...

Era costumbre entre los ricos mercaderes, a los que se consideraba tan dignos o más que los nobles, celebrar una gran fiesta de despedida. A la misma acudieron las principales familiares de la Alta Toscana y de otros lugares. Todos vestían sus mejores galas, iban cubiertos de joyas y se exhibían de acuerdo a las modas de la época.

Mientras les servían unos refrescos, la mayoría de los invitados se encontraban sentados en cojines de seda: unos jugando al ajedrez, otros coqueteando con la sensual diversión de la gallina ciega y unos terceros contando fábulas o divertidas anécdotas ciudadanas.

No muy lejos, ocultó tras unos parterres, se hallaba Leonardo. Ya debía contar los once o doce años. Tiempo del despertar de la sensualidad. Hubiese podido mezclarse con aquellas gentes que tenía delante, ya que su abuela le había comprado ropas para que no desentonara. Pero una emoción jamás sentida, totalmente nueva para él, le sometía al papel de cazador furtivo.

Un tímido ojeador de una joven bellísima, tanto que resplandecía más que todas las lámparas de aceite que alumbraban la plazoleta. Sabía que ella se llamaba Florinda, que era hija de una rica familia de Romaña y que jamás desearía mantener tratos con un simple mozo de aldea. Por eso debía conformarse con verla.

Tan radiante con su largo y negro cabello peinado con unas seductoras ondulaciones en los extremos, con una blancura de piel que envidiarían los cisnes y con unos ojos inmensos en los que cabían todas las más encendidas promesas del mundo. Leonardo había captado la belleza en los paisajes, en los animales, en los árboles, en alguna construcción y en ciertos cuadros y esculturas. No obstante, delante de él estaba viendo el compendio de la belleza convertido en una joven. Percibió la agitación del corpiño, el alado movimiento de las manos, con esos dedos tan perfectos que se coronaban con unas uñas ligeramente rosadas, y la inquietud de las piernas al correr para no ser alcanzada por el joven que estaba haciendo de gallina ciega.

¿Era amor lo que le atraía hacia Florinda? Es posible. Lo angustioso fue que esta sublime emoción se viera lastrada por el miedo a ser rechazado. Porque Leonardo no abandonó el escondite en ningún momento, a la vez que suspiraba quedamente en esos momentos que dejaba de contemplar, durante unos minutos, al objeto de su fascinación hipnótica. Sólo le quedó el consuelo de retener en su mente la imagen de la bella con una gran fidelidad.

Tanta que son muchos los críticos que destacan el hecho de que Leonardo pareciera estar pintando a una sola mujer cuando llevaba al lienzo el rostro de las otras, fueron muchas, que le sirvieron de modelo desde los comienzos de su actividad profesional hasta su muerte.

La última imagen de la adorada

En el momento que todos los invitados fueron llamados al comedor, porque iba a servirse la cena, Leonardo pudo acompañarles. No obstante, prefirió quedarse allí, en su escondite, como si deseara retener la imagen de Florinda sin mezclarla con otras ajenas. Todavía siguió en el mismo lugar cuando los jardines volvieron a llenarse de música, cantos y las risas de los bailares. Sus ojos buscaron a la admirada, y ya no pudo reconocerla entre aquel bullicio de parejas.

Leonardo se sintió fascinado por una bellísima jovencita, a la que nunca podría hablar.

Mientras regresaba a la casa de su abuela, el rostro de la joven adorable, de la más bella criatura jamás contemplada por sus ojos, se hallaba tan nítidamente guardado en su mente que lo hubiese podido dibujar. Una vez se metió en la cama, hasta olvidó que llevaba dos días sin saltar por la ventana para ir al encuentro de su madre. Sus ideas sólo conducían a un objetivo: Florinda.

Casi no pudo dormir. A la mañana siguiente, tomó un sorbo de leche, cogió dos rebanadas de hogaza de trigo y salió corriendo. El sol no había alcanzado ni la cuarta parte de su recorrido en el cielo, lo que le indicó que todavía faltaban unos minutos para las doce. Disponía de tiempo.

Pero jadeaba en el instante que se colocó detrás de un grueso roble, en cuyo pie alguien había colocado una piedra bastante plana, acaso para utilizarla como asiento debido a que el lugar era la mejor atalaya para contemplar a quien tomase la curva del camino. Poco más tarde, escuchó el sonido de los cascos de los caballos que montaban los jóvenes más impulsivos y, a los diez minutos, percibió el crujido de las ruedas del carruaje en el que iban las damas y su anfitrión, micer Rucellari.

Por fortuna hacía mucho calor; y como el suelo no era demasiado polvoriento el vehículo iba descubierto. Esto permitió que Leonardo pudiera contemplar a sus anchas a Florinda, con el cabello levemente agitado por un ligero viento, las mejillas arreboladas por la risa y los ojos bien abiertos al estar pidiendo que se le volviera a contar lo que tanta gracia le había hecho. Su boca entreabierta era recorrida, de vez en cuando por una lengua rosada, divina, en un deseo de humedecer los labios; a la vez, sus manos no permanecían quietas. Todo en ella respiraba una embriagadora vitalidad juvenil.

Quien acechaba con la mejor de las intenciones, se vio sonriendo al ser contagiado por el buen humor de su admirada. Únicamente unos instante, acaso ni siquiera dos o tres minutos, hasta que el carruaje tomó la curva, ¡y ella quedó de espaldas!

Momento en el que Leonardo reaccionó saltando al camino. Cuando Florinda había desaparecido, para quedarse en

22

su mente con mayor intensidad que un tatuaje. Fiel reflejo de su impotencia, del miedo a no ser aceptado... ¿Cómo fue posible que un jovencito capaz de entender los misterios de la Naturaleza, hasta los relacionados con el celo de los animales, no se hubiera atrevido ni siquiera a cruzar unas palabras con aquella diosa de sólo quince o dieciséis años?

¿Acaso no había hecho suya la idea de que una negativa, en cualquier terreno, jamás podía impedirle seguir adelante en todo lo que se propusiera?

Días más tarde, pudo enterarse de que Florinda era la rica heredera de una gran fortuna. Desde que fallecieron sus padres, vivía en un castillo de la lejana Romaña bajo la tutoría de unos tíos paternos. En realidad la distancia que le separaba de ella podía valorarla en dos dimensiones: la social y la física. Todo un océano imposible de superar.

Un espíritu único

Leonardo tardó en superar la frustración. Y cuando estaba a punto de conseguirlo, escuchó una conversación de su abuelo que le hirió profundamente. El noble anciano ser Antonio era demasiado conservador. Aquella mañana había recibido noticias de su hijo, en las que le comunicaba la imposibilidad de que pudiera contar con otro nieto. Esto le llevó a gritar de espaldas a la puerta, por la que estaba entrando el aludido:

-¡Entonces tendremos que dedicar todas nuestras atenciones a ese monstruo que escribe con la mano izquierda, vive más en el monte que en casa y fue amamantado con la leche de una cabra embrujada!

El chiquillo no replicó al insulto. Prefirió correr a la villa, donde recorrió el parque y los jardines sin pensar en otra cosa que en esos animalitos a los que había amaestrado. En efecto, ésta era otra de sus habilidades. En los tiempos de niño que se quedaba ensimismado contemplando cualquier fenómeno natural, algunos pájaros, conejos y ardillas se acercaban a su lado sin ningún miedo. Y un día consiguió que no escaparan cuando empezó a moverse.

En este caso le esperaba un topo algo viejo, que acudió a su lado en el momento que escuchó el silbido que les servía de contraseña. El topo ofrecía la peculiaridad de ser totalmente blanco, cosa propia de aquellas tierras del Arno, donde se contaba que podían ocurrir, de una forma natural, los sucesos más extraordinarios: encontrar un águila, un cuervo o un caracol totalmente blancos... ¡o un joven como Leonardo da Vinci!

Pero éste no formaba parte de las monstruosidades que pudieran hallarse en monte Albano. Era un espíritu único, un ser genial que había encontrado su camino y estaba dispuesto a seguirlo a toda costa, a pesar de que sólo contara trece años.

La fascinante ciudad de Florencia

Sir Piero da Vinci estaba sabiendo obtener el mejor provecho de su carrera de notario. Como mediador entre las diferentes clases sociales de la ciudad, especialmente en los contratos, testamentos y los cientos de papeles oficiales que unían a las gentes con la nobleza y el clero, había conseguido hacerse rico. Poseía grandes propiedades dentro y fuera de Florencia; y a pesar de estar casado, no dejaba de perseguir a las mozas más hermosas.

Cuando falleció su esposa Albiera Amadoni, no tardó en contraer matrimonio con Francesca, hija del acaudalado comerciante ser Giovanni Lampedini. Una jovencita de dieciséis años, cuando él ya había cumplido los treinta y ocho, que tampoco le dio hijos. Ante tal situación optó por hacer caso de los continuos ruegos de Leonardo, ya que éste llevaba varios meses pidiéndole que le permitiese vivir en la ciudad.

De esta manera, el chiquillo de catorce años se encontró residiendo en una casa de la plaza San Firence, a poca distancia del Palacio Viejo, donde se concentraba toda la diversidad artística de aquel centro urbano que ya era el eje cultural más importante de todos los principados de Italia. Un lugar fascinante, que se cuidó de recorrer de un extremo a otro, sin dejar de examinar hasta la más pequeña de las callejas.

Allí se encontraban doscientas setenta de las mayores tejedurías de lana, que recibían las materias primas de Francia, Cataluña e Inglaterra y, después, enviaban sus paños al sur de Italia, Constantinopla y a Oriente. También había ochenta y tres talleres de sedas, brocados y damascos. Todo esto suponía que Florencia fuese una de las ciudades más ricas de Europa.

La ciudad de Florencia se hallaba repleta de tesoros que Leonardo iba a conquistar con el paso del tiempo.

25

Mientras tanto, Leonardo había conseguido saber el nombre de quien podía ser su mejor profesor. Para nada tuvo en cuenta las pretensiones de su padre de convertirle en notario. Un día que estaba sentado ante la mesa, a la hora de la comida, expuso sus planes y, antes de que ser Piero pudiese replicar, ya contaba con el apoyo de su madrastra. Una de sus mejores aliadas, gracias a que los dos habían simpatizado nada mas conocerse debido a la poca edad que se llevaban.

De esta manera aquel jovencito de tan agudo sentido común se encontró ante las puertas de unos conocimientos superiores: la ciencia en todas sus formas, sin excluir las más diabólicas.

Paolo del Pozzo Toscanelli

En Florencia todos reconocían que no había hombre más sabio que Paolo del Pozzo Toscanelli. Existían infinidad de pruebas que avalaban este prestigio, una de ellas era que de no ser por las cartas marítimas que ser Paolo proporcionó a Cristóbal Colón, éste jamás hubiera podido llegar a las Indias navegando hacia el oeste. Pero hizo algo más en este caso: explicar que debido a la redondez de la Tierra la ruta más corta para cubrir ese recorrido era la nueva, aunque jamás hubiera sido utilizada, y no la vieja que obligaba a bordear todo el continente africano.

Aquel genio matemático, físico, naturalista, astrónomo y alquimista vivía completamente aislado de la aristocracia. Puede decirse que no quería saber nada de los Médicis, que eran los amos de la ciudad. Materialmente observaba una existencia de asceta: practicaba el ayuno, había eliminado la carne de su dieta y observaba una castidad absoluta. Cosa que los envidiosos, que en todos los tiempos los ha habido, consideraban natural al ser un hombre tan feo. Sin embargo, poseía los ojos más limpios de toda la región, al mismo tiempo que guardaba un corazón lleno de bondad. Sólo debía aparecer alguien que le supiera despertar los mejores sentimientos.

Leonardo fue esta persona, debido a que por vez primera el sabio se encontró ante un chiquillo que le escuchaba con la atención de un devoto. A las pocas semanas de relacionarse como maestro y alumno, se había creado tal grado de camaradería entre ambos que se abrieron todos los umbrales que conducían a los grandes secretos.

Durante algo más de cuatro años, aquel muchacho de ávida mente aprendió a leer en las estrellas, pudo fundir metales y manejar alambiques llenos de ácidos y venenos, leyó libros que jamás pudo creer que alguien se hubiera atrevido a escribir sin ser llevado a la hoguera y se familiarizó con todas las ciencias, sin rehuir las más negras.

Pero éstas no le gustaron. Jamás había creído en la existencia del diablo, y para él las brujas sólo podían ser benéficas. Junto a maese Toscanelli llegó a la conclusión de que los seres humanos se dejan engañar fácilmente por medio de la astrología, la magia negra y tantos otros recursos malignos. Lo suyo fue confirmar unos principios que había podido intuir años antes: a la verdad oculta se llega por medio de la sabia intuición, la tenaz experimentación, la comprobación de los resultados y la aplicación posterior de los mismos de acuerdo con el sentido común. Reglas de oro que constituyen los fundamentos de todos los tipos de investigación actual.

Pero lo suyo era la pintura

En el cerebro de Leonardo cabía todo; pero lo suyo era la pintura. En cualquier momento se entregaba al dibujo. Nada mejor para aprender las ciencias que tomar apuntes del original, buscando más las imágenes que las palabras, porque éstas debían cumplir la función de apoyo de lo que se mostraba. Así fue introduciendo el color, con lo que debió aprender a fabricarlo. Existían tiendas donde se vendían pinturas; sin embargo, lo aconsejable era que cada creador conociese las tierras, las plantas, los diferentes líquidos y los procesos de mezcla, aplicación y secado.

Y en esta gran aventura se embarcó Leonardo con una pasión que no le abandonaría hasta la muerte. Siempre estuvo experimentando nuevas técnicas, como si lo logrado en este terreno por sus predecesores sólo le sirviera de punto de arranque. Lo suyo era ir más allá, aunque en algunos casos cometiese errores imperdonables. Pero, ¿acaso no se aprende más de la equivocación que del acierto? El acierto se considera algo natural, mientras que la equivocación obliga a corregir la técnica aplicada, a andar más despierto.

CAPÍTULO III

LOS PRIMEROS PASOS COMO PINTOR

La historia de la rodela

Giorgio Vasari fue un pintor, arquitecto y escritor italiano que conoció a Leonardo da Vinci. En el libro que publicó sobre los artistas de su país narra esta historia. (Vamos a reproducirla con la mayor fidelidad posible.):

Cuentan que estando ser Piero en su casa de campo, un campesino de su heredad le pidió que hiciera pintar en Florencia una rodela de madera que había cortado de una higuera de su hacienda. Ser Piero consintió con agrado, pues el hombre era muy hábil en la caza de pájaros y en la pesca, y le resultaba muy útil en estos menesteres. En consecuencia, ser Piero envió el pedazo de madera a Florencia y le pidió a Leonardo que pintara algo en ella, sin decirle a quién pertenecía. Leonardo, al examinar un día la rodela, vio que estaba torcida, mal trabajada y tosca, pero con la ayuda del fuego la enderezó y luego la entregó a un tornero que, de áspera y grosera que era la volvió lisa y delicada. Después de enyesarla y prepararla a su manera, Leonardo comenzó a pensar lo que pintaría en ella y resolvió hacer alguna cosa que aterrorizara a todos los que la contemplaran, produciendo un efecto similar al de la cabeza de la Medusa. A una habitación donde sólo él tenía acceso, llevó lagartos, lagartijas, gusanos, serpientes, mariposas, langostas, murciélagos y otros animales extraños, con los cuales compuso un horrible y espantoso monstruo, cuyo ponzoñoso aliento parecía envenenar el aire. Lo repre-

sentó saliendo de una roca oscura y hendida, vomitando vene-
no por sus fauces abiertas, fuego por sus ojos y humo por su
nariz, de un aspecto realmente terrible y espantoso. Estaba tan
absorto en su trabajo, que no advirtió el terrible hedor de los
animales muertos, pues se abstraía en su amor al arte. Su
padre y el campesino ya no preguntaban por el trabajo y,
cuando lo hubo acabado, Leonardo hizo saber a ser Piero que
podía mandar a buscar la rodela cuando le plugiese, pues ya
estaba terminada. En consecuencia, una mañana fue ser Piero
a sus habitaciones a buscarla. Cuando llamó a la puerta, le
abrió Leonardo y le pidió que esperara un instante; volvió a
su pieza, colocó en su caballete la rodela de modo que le diera
la luz deslumbrante de la ventana y luego pidió a su padre que
entrara. Éste, tomado desprevenido, se estremeció, pues no
pensó que fuese la rodela de madera, ni menos que lo que veía
estuviese pintado. Y retrocedía asustado, cuando Leonardo le
contuvo, diciéndole: "Esta obra ha servido a su propósito; llé-
vala, pues, ya que ha producido el efecto deseado." Ser Piero
pensó que en verdad eso era más que milagroso y elogió calu-
rosamente la idea de Leonardo. Después, calladamente com-
pró a un comerciante otra rodela de madera pintada, con un
corazón traspasado por una flecha y la dio al campesino,
quien le quedó agradecido por el resto de sus días, mientras
que ser Piero llevó secretamente la obra de Leonardo a
Florencia y la vendió por 100 ducados a unos mercaderes.
Poco tiempo después, fue a parar a manos de un duque de
Milán, quien la compró por 300 ducados.

En Florencia se asegura que esta rodela es una cabeza
de Medusa, que se exhibe en uno de sus museos desde 1784. Sin
embargo, se duda que esto sea cierto, debido a que existen pruebas de que la pintura es de un artista flamenco y no de Leonardo.
De cualquier forma, lo que queda probado es que existió la rodela y que su creador era capaz de conferir una genial realidad a
sus cuadros.

El orfebre Andrea di Verrocchio

Su nombre verdadero era Andrea di Michele di Francesco da Cioni, aunque él prefería que se le llamara Andrea di Verrocchio en honor en su maestro. Este personaje se había ganado la justa fama de ser uno de los mayores orfebres de Florencia, lo que significaba que se le podían encargar todo tipo de obras de arte: joyería, escultura, pintura, arquitectura, música y otros cosas más. Al mismo tiempo, poseía una habilidad muy especial para la enseñanza,

Al representar Francesco Botticini a San Miguel se cree que eligió como modelo al joven Leonardo.

En aquellos tiempos los grandes creadores parecían hallarse obligados a poseer todos los conocimientos del mundo, acaso porque al hallarse tan solicitados por los poderosos debían ampliar sus conocimientos "hasta el infinito" para encontrarse siempre colocados en primera fila. Otra de las habilidades de Verrocchio hemos de verla en su dominio de la perspectiva: una técnica muy reciente, que al empezar a aplicarse en la pintura originó una verdadera conmoción. Gracias a la perspectiva los cuadros adquirieron unas proporciones reales, el fondo cobró toda su importancia y la pintura dio el salto definitivo a la genialidad.

La perspectiva según Leonardo

En el "Tratado de la pintura", que Leonardo escribiría muchos años más tarde, expone estos acertados consejos a unos hipotéticos alumnos:

"La perspectiva es brida y timón de la pintura.

"Tal es la naturaleza de la perspectiva que por ella el plano parece en relieve y el relieve plano.

"Todos los problemas de perspectiva pueden ser resueltos por medio de los cinco términos de los matemáticos, a saber: el punto, la linea, el ángulo, la superficie y el cuerpo. De entre ellos, el punto es único en su origen, pues carece de altura, de longitud y de anchura o profundidad; de donde se concluye que es indivisible y no conoce lugar. Las líneas son de tres naturalezas; a saber: recta, curva y sinuosa. No conocen altura, ni anchura o profundidad; son, pues, indivisibles, a excepción de lo que toca a su longitud y sus extremos lo constituyen dos puntos. El ángulo es la conjunción de dos líneas en un punto...

"...Por lo que toca a la mengua de los objetos, la perspectiva nos socorre allí donde flaquea el juicio. Sin el auxilio del plano vertical, maestro y guía de la perspectiva, nunca podrá el ojo ser el certero juez que determine con verdad cuál sea la distancia entre una parte y otra a ella semejante (en tamaño) si el ápice de esta otra se halla al mismo nivel que el ojo que las mira. Sea n el ojo; ef el mencionado plano vertical; sean *abcd* las tres partes superpuestas. Si las líneas *an* y *cn* son de una longitud dada, y el ojo *n* se encuentra situado en el centro, *ab* parecerá tan extensa como *bc, cd* se hallará por debajo y más alejada de *n*; por lo tanto, parecerá menor. Este mismo efecto resultará de las tres divisiones de un rostro si el ojo del pintor que retrata está mismo nivel que el ojo del retratado..."

Leonardo acompañó las explicaciones con las correspondientes figuras geométricas. Todo futuro pintor debería poseer este libro tan extraordinario.

Un gran escultor

Por otra parte, Verrocchio está considerado un gran escultor, como lo demuestran las estatuas que se extienden por toda Italia. Algunas de las más importantes son el monumento a Colleone, que se encuentra en Venecia, la "Incredulidad de Santo Tomas", la cual se halla en los florentina iglesia de Orsammichele, y "La cabeza de Goliat a los pies de David", que se puede admirar en el Museo Nacional de Florencia.

Leonardo fue admitido en el taller de Verrocchio en el mismo momento que ser Piero enseñó los dibujos y pinturas de su hijo. Allí se suponía que iba a pasar los seis años de aprendizaje obligatorio. Pagó por la enseñanza, vivió en unas toscas habitaciones y se vio obligado a realizar trabajos de verdadero peón. Nadie se libraba de la limpieza, de alimentar con carbón las fraguas y estufas, traer agua continuamente y realizar otras labores menores.

Allí se encontraban otros aprendices, también acudían jóvenes pintores, como los hermanos Pollaiuoli y Botticelli. Esto facilitaba el intercambio de ideas, las bromas y toda esa relación entre colegas que alivia los trabajos más duros. En realidad, Leonardo no fue mal tratado en ningún momento.

A las pocas semanas, cuando pudo intercambiar algunas palabras con su joven maestro, ya que éste no había cumplido todavía los treinta años, se estableció entre ambos un grado de compenetración en aumento. Porque los dos se habían impuesto el mismo lema: es preferible mantener la belleza del alma aunque sea a costa de perder el bienestar exterior. La mejor forma de conseguirlo era ampliar los conocimientos sin ponerse límites: estudio de la anatomía, manejo del mayor número de instrumentos musicales, técnicas hidráulicas, urbanismo, armamento y cien objetivos más.

No hay límites para el conocimiento

Leonardo daba por bueno cualquier sacrificio, hasta que sus manos se quedaran entumecidas por el frío cuando debía romper el hielo de la fuente, durante el crudo invierno, para llenar los cubos de agua, porque sabía que se encontraba donde siempre había soñado. Ya sabía fundir metales, combinar colores y, sorprendentemente, tocar el laúd. En sus horas libres, a pesar de que fueran tan pocas que se las debía robar al sueño, continuaba dibujando y pintando.

Lo más alentador era acompañar al maestro Verrocchio por Florencia, debido a que ante cada escultura, cúpula o columna perfectamente esculpida, siempre brotaba la historia del creador enfrentado a las exigencias del cliente, las envidias de los competidores o la incredulidad de las gentes, que solía ponerse de manifiesto cuando la obra era demasiado innovadora.

Este creador generoso resultaba tan modesto, que aconsejaba a sus discípulos que fueran a admirar la obra de los grandes artistas, como el inmortal Giotto. De éste cuenta la leyenda que era un simple pastor, al que Cimabue encontró dibujando con carboncillo sobre las piedras. Sorprendido de la habilidad y talento del muchacho, le enseñó el arte de la pintura, con lo que permitió el nacimiento de uno de los genios universales.

Lo que sorprende de este tipo de educación que aconsejaba Verrocchio es lo que Leonardo escribiría muchos años más tarde:

"Yo prefiero decir a los jóvenes pintores que nadie debe imitar la manera de otro, pues, al hacerlo, se limitaría a ser su sobrino, y no el hijo de la Naturaleza, en lo que al arte corresponde."

"Bautismo de Jesús", de Verrocchio. El ángel de la izquierda fue pintado por Leonardo.

Quizá el riesgo que Leonardo vio fue que el obsesivo seguimiento del estilo de un artista puede conducir a ser nada más que un copista. Cuando lo recomendable era tomar lo mejor de cada creador, pasarlo luego por el tamiz de la propia sensibilidad y seguir buscando un estilo personal. Por este motivo, en el momento que consiguió dominar totalmente la perspectiva se halló en condiciones de afirmar, lo que años más tarde escribiría en su "Tratado de la pintura":

"La pintura es un arte y una ciencia, hija legítima de la Naturaleza. Por lo tanto, hemos de considerarla universal, y como el mismo pintor ha de tender a la universalidad, su dignidad no permite que una cosa la realice bien, y la otra mal.

"La pintura plantea primero sus principios científicos y auténticos: ¿en qué consiste el cuerpo umbroso? ¿Qué es la luz? Es decir, tinieblas, luz, color, cuerpo, figura, lugar, lejanía, proximidad, movimiento y reposo, cosas todas que la mente percibe sin necesidad de operación manual. Todo esto forma la ciencia de la pintura, la cual penetra en el cerebro de quienes la contemplan."

Esta realidad Leonardo la había intuido siendo un niño, en esos instantes de ensimismamiento en los que se sumía mientras se hallaba en el monte Arno. Pero junto a Verrocchio pudo confirmarlo y, lo mejor, perfeccionarlo.

La esfera de Santa María dei Fiori

El arquitecto Brunelleschi había encargado a Verrocchio una esfera de cobre dorado para la cúpula de Santa María dei Fiore. En la fundición del gran orfebre se obtuvieron ocho trozos separados, que más tarde serían soldados con la mayor precisión. Leonardo colaboró en algunos de estos procesos.

Días más tarde, el 27 de mayo de 1471 la esfera fue elevada con unas grúas hasta dejarla sobre la cúpula. Al mismo tiempo, sonaba un tedéum porque el momento lo requería.

Esta obra no dejó de ser otra de las muchas que salían del taller, gracias a que Verrocchio era un artista muy solicitado. En

un día cualquiera se le podía ver esculpiendo una estatua de mármol, que abandonaba para verificar el trabajo de los fundidores,
al poco rato se encargaba de comprobar el estado de unas esca-
yolas mortuorias tomadas del rostro, de los pies o las manos o
pasaba a la tienda, con el fin de atender a un cliente que deseaba
encargar un juego de candelabros.

Cuando se presentaban los Médicis, lo normal era que
se organizaran discusiones culturales sobre infinidad de temas.
Leonardo tardó en participar en las mismas, porque le gustaba
observar a las personas, comprobar sus puntos de vista y, en el
momento oportuno, intentar rebatirlas o unirse con su razonamiento, pero bajo otro prisma, con lo que acababa de escuchar.

Y dado que nadie pudo discutir sus planteamientos,
comenzó a adquirir un prestigio que el maestro Verrocchio apoyaba solicitando el consejo de su aventajado aprendiz en el
momento que él mismo se enfrentaba a cualquier complicación
profesional.

"El bautismo de Cristo"

Hacia el 1470 a Verrocchio le encargaron los frailes del
convento de San Salvi que pintase un cuadro del bautismo de
Jesús. Pero le impusieron la presencia de dos ángeles y, sobre
todo, que la composición respetase totalmente el mensaje evangélico.

Es imposible que los ocupantes del taller pudieran adi-
vinar la polémica que originaría esta obra, si tenemos en cuenta
que fue concluida en el tiempo establecido, los clientes la consideraron correcta y no despertó ningún entusiasmo. Podía considerarse una obra más.

Tuvo que publicarse la versión de Vasari, muchos años
después, respecto a que el cuadro hubiera sido considerado
mediocre de no aparecer en el mismo un ángel pintado por
Leonardo, para que estallara el escándalo. En realidad debió
tenerse en cuenta la inexactitud de un hecho añadido a la crítica: "Verrocchio al observar el ángel de Leonardo lo consideró

tan perfecto, que desde ese momento se negó a coger un pincel."

Se sabe que Verrocchio pintó otros cuadros, lo que desmiente la afirmación de Vasari. Lo cierto es que nos encontramos ante una obra que sigue el estilo tradicional, ése que mostraba a los personajes estáticos y con muy escasa expresividad. Sólo el famoso ángel adquiere fuerza, debido a que parece sonreír, se muestra en el escorzo de alguien que está vivo y ha sido tratado con un gran dinamismo. Pero el conjunto reúne una gran dignidad.

Leonardo pudo decidir su suerte

A finales de 1470, Leonardo había vuelto a vivir con su padre, aunque pasaba todo el día en el taller de Verrocchio. Este cambio suponía que era libre de actuar como quisiera, al verse libre de la dependencia que se exigía a un aprendiz normal. Aunque se negó a separarse de su maestro, porque ambos se hallaban unidos por fuertes vínculos intelectuales y emotivos.

Hemos de tener en cuenta que el noble orfebre casi se había arruinado dando cobijo a todos sus familiares, pues era la caridad hecha hombre. Nunca discutía las causas por las que un hermano, un primo o una cuñada solicitaban su ayuda. La proporcionaba generosamente sin hacer oídos a esas malas lenguas que, en ocasiones, le advertían que se estaba abusando de su bondad. Postura que para Leonardo suponía toda una lección.

Al mismo tiempo, esta unión era fructífera en la lectura de los libros más modernos, como los nuevos estudios de Marsilio Finicio sobre la obra de Hermes Trimegisto o el dios egipcio Tot, que acompañaba a las almas en el largo viaje que, después de la muerte, debía conducirles hasta el trono de Osiris. Porque la Florencia donde estaban brotando los primeros resplandores del Renacimiento se negaba a imponerse el freno de una sola religión.

Si a finales de la Edad Media el clero mas progresista había aceptado que la cristianismo debía ser tan hermoso como el paganismo, siempre que aprovechara lo más puro de éste, como toda la mitología después de limpiarla de supersticiones, había llegado el momento de reconocer otras verdades. Entre éstas que Zoroastro, Pitágoras y Platón ofrecieron mensajes de hermandad, solidaridad y amor a los más humildes, equiparables al evangélico.

Verrocchio y Leonardo no contenían sus lenguas a la hora de hablar de cualquier tema. Podían hacerlo mientras cabalgaban por los caminos, lejos de Florencia, o se hallaban ante la fragua, en la que estaban trabajando algún bronce o el hierro que serviría de soporte de una estatua. Para ellos el ser humano representaba el universo, tenía derecho a ser informado de todo lo existente y nunca debía frenar su imaginación.

La llegada a Florencia de Ludovico "el Moro"

Fred Berence describe en su libro "Leonardo de Vinci" con magistral talento la llegada de Ludovico "el Moro" a Florencia:

En marzo de 1471, el joven duque de Milán, Galeazzo-María vino a visitar a los jóvenes Médicis. Acompañado de su esposa y de sus hermanos, Felipe, duque de Bari, y Ludovico, conde de Mortara, hizo una entrada espléndida en la capital toscana.

Galeazzo-María traía más de dos mil caballos y dos mil mulas; diez carruajes transportaban sus cobertores bordados en oro y en plata, sus colchones y edredones de raso carmesí, reservados para el servicio de la duquesa. Mientras, al frente del cortejo, los pífanos y las trompetas sonaban alegremente, enanos y bufones divertían a las damas, una jauría de cincuenta parejas de perros, sujetos por sus traíllas, ladraban y movían el rabo, y los halcones batían las alas y lanzaban gritos agudos sobre los puños de los halconeros. Florencia veíase inundada de lujo, de ruido, de individuos famélicos que venían a probar fortuna. Un día terminada la visita, el duque supo, de labios de su tesorero, que el gasto se elevaba a 200.000 florines, lo cual le alegró muchísimo, pues, con su suntuosidad, había aplastado a los jóvenes Médicis, los banqueros más ricos de la península.

Con ocasión de esos festejos, Leonardo vio por vez primera al que había de ser uno de sus protectores más poderosos. Es muy probable, incluso, que llegara a conocerle, pues los Sforza se vanagloriaban, también ellos, cual correspondía a verdaderos príncipes del Renacimiento, de proteger a los artistas. Junto con los jóvenes Médicis, visitaría seguramente los talleres de los más famosos artistas florentinos, y especialmente el de Verrocchio, organizador de las fiestas. Por lo tanto, a Leonardo se le brindaría la oportunidad de tratar al joven Ludovico, quien tenía exactamente su edad cuando fue al taller de Verrocchio, en donde vio "El Bautismo de Cristo", "el David", el mausoleo empezado de los Médicis y la famosa bola de oro, recién terminada. Ya por entonces, su oscura cabellera, su tez cetrina iluminada por sus ojos negros, le valían el apodo de "Moro". Apodo que tanto había de gustarle, que eligió, a modo de emblemas, una morera y una cabeza de moro. Su padre, el célebre condottiere, *había declarado que era el más inteligente de sus hijos. Y entonces Ludovico para no despertar la envidia de su hermano, de carácter receloso, vengativo y fácilmente cruel, disimulaba las cualidades que le habían hecho popular, puesto que, a su paso, el pueblo gritaba: "¡Moro! ¡Moro!"*

Seguro es que Verrocchio presentaría al duque y a sus hermanos al joven que había pintado el ángel del "Bautismo de Cristo", y le había ayudado a fundir el David, para el cual había probablemente servido de modelo espiritual...

Este momento que acabamos de ofrecer es muy importante, porque daría pie a una relación de protector y artista de los más controvertida. Precisamente coincidiría con los años más fecundos de Leonardo.

"La Anunciación"

El cuadro de "La Anunciación" fue destinado a la florentina iglesia y convento de San Bartolomé de Monte Olivete. Se cree que la pintura fue realizada en el taller de Verrocchio, aunque casi todo el trabajo correspondió a Leonardo. Donde los críticos empiezan a discrepar es a la hora de valorar que la composición respeta las normas tradicionales, ésas que imponían colocar el ángel en la izquierda y a la Virgen en la derecha. También se resalta la poca audacia de la perspectiva.

Detalle de "La Anunciación". (Uffizi. Florencia.)

Esto no impide que se estime la obra, en su conjunto, como de una gran luminosidad, de una perfección propia del joven da Vinci. La atmósfera que trasmite es la de una pureza que es casi musical: se diría que los colores, la composición y los objetos empleados, sobre todo las ropas, han sido diseñados o compuestos igual que si se estuviera escribiendo una partitura: nada desentona a la hora de conseguir la emoción final.

El pintor, o los pintores, amaban lo que estaban creando; y esto es lo que reflejaron. Estamos seguros que los fieles de la época quedarían fascinados al contemplar el cuadro.

Leonardo ya era un pintor

Las habilidades de Leonardo fueron reconocidas por la Compañía de San Lucas, ya que le permitió inscribirse como pintor oficial. Toda una excepción, debido a que el periodo de aprendizaje debía prolongarse hasta los seis años y él sólo llevaba tres en el taller de Verrocchio. En el registro se escribió este texto:

"Anno Domini 1272 - Lyonardo di ser Piero de Vinci pintor, debe dar por todo junio de 1472 seis sueldos por la gracia hecha de cuantas deudas tuviere con el Arte hasta el primero de julio de 1472, como en éste, en cartas 2... y debe dar para la ofrenda del día de San Lucas, el 18 de octubre de 1472, 5 sueldos por cada año; y debe dar para la subvención y subsidio del Arte por cada año 16 sueldos; y debe dar hasta noviembre de 1472, 5 sueldos por su correspondencia hecha hasta 18 de octubre de 1472 (Florencia, Accademia di Belle Arti, Libro Rojo A, 1472-1520, c. 93 reverso).

A nadie debe extrañar que Leonardo no abandonase a Verrocchio, porque necesitaba completar su formación junto a tan sabio maestro. Algunos historiadores han querido ver una especie de iniciación por parte del más joven. Quizá por eso en estos años su labor creativa fue la de ayudante. Sabemos que intervino en la creación del mausoleo de Pietro y de Giovanni de Médicis: un sarcófago de mármol blanco, verde oscuro y rojo, el cual se apoyaba en unas patas de bronce, de las cuales surgen unas hojas de acanto. Sobro todo el conjunto domina un arco de mármol, decorado con motivos de flores y frutas. Toda una obra de arte.

"La Virgen del clavel". (Se encuentra en Munich.)

Cuando fue instalado en la iglesia de San Lorenzo, a mediados de 1472, ni una sola persona de la ciudad dejó de ir a contemplarlo. Y todos lo elogiaron porque era digno de la justa fama de los Médicis.

La modesta labor de Leonardo

La personalidad de Leonardo durante los diez años que permaneció en el taller de Verrocchio podríamos verla como un volcán no del todo apagado: humeaba, dejaba escapar algunas rocas y un poco de lava y en todo momento manifestaba que continuaba vivo; sin embargo, no terminaba por erupcionar.

Vasari menciona que Leonardo pintó un cartón a la acuarela del "Pecado original", para un tapiz que debería tejerse en Flandes por encargo del rey de Portugal. Finalmente, el cartón terminó siendo comprado por Ottaviano de Médicis, ya que nunca salió de Florencia.

También se le atribuye una "Virgen de la garrafa", que al parecer llegó a poder del papa Clemente VII, una "Cabeza de Medusa" y un "Ángel", los cuales pasaron a ser propiedad de Cosme I. Es posible que pintase un "Neptuno en el mar" y los retratos de Amerigo Vespucci y del capitán Scaramuccia. Tres obras perdidas, que únicamente son citadas por Vasari.

De repente, igual que si ese volcán necesitara dejar patente su inmensa energía, Leonardo pintó en 1475 "La Virgen del clavel". Por vez primera se sirvió hábilmente de una pared con unas ventanas arqueadas, que dejan ver un paisaje montañoso. Esto permite que las dos figuras principales, la Virgen y su hijo, adquieran una gran fuerza y un volumen real, debido a la magistral utilización de la luz y los reflejos, unido al paisaje brumoso y fantástico del fondo. Pero son los pliegues del manto amarillo, del corpiño azul claro y del vestido rojo lo que confieren realismo a la figura central, cuyo cabello rubio está peinado al estilo florentino con un trenza en forma de diadema que cae libremente sobre la espalda. Mientras, los ojos parecen casi cerrados de tanto mirar al Niño Jesús, a esa criatura gordonzuela que en su regazo parece estar bendiciendo al mundo con los bracitos en alto.

En esta obra Leonardo comenzó a mostrar la necesidad de transformar las líneas horizontales del fondo en una serie de verticales, para conferir movimiento propio a las figuras humanas. Y lo último que hemos de resaltar en este cuadro es la forma inteligente de utilizar la perspectiva, una habilidad que en Leonardo podemos considerar innata.

A pesar de todo lo anterior, los especialistas observan una influencia de Verrocchio en las redondeces de la cara de la Virgen, en una evidente inclinación a lo sensual y en la importancia que se concede a los objetos y a la Naturaleza.

Lo que es netamente del joven de Vinci son las luces, el gran volumen que adquieren las figuras humanas al elegir un fondo oscuro, que se rompe hábilmente con ventanas arqueadas, por las que aparecen unos paisajes montañosas rodeados de unas brumas. Recurso que el creador utilizará en algunas de sus otras obras, al dar idea de una realidad etérea, muy unida a la misma Creación. La pareja divina ocupa todo el primer término, hábilmente destacable, porque significa una nueva existencia, la regeneración de los seres humanos. Este Niño que todavía no puede sostenerse de pie, a pesar de que muestre tanta vitalidad, se halla unido a un destino de salvación y de muerte.

Algo que resulta muy interesante destacar es que la mayoría de los artistas del Renacimiento no se molestaron en intentar representar escenarios, vestimentas y objetos de los tiempos de la Palestina evangélica. Se sirvieron de lo que tenían alrededor de ellos, lo que nos lleva a suponer que Leonardo debió servirse de una modelo florentina a la que vistió como las nobles damas.

Acusado del "pecado nefando"

Leonardo vivía dentro de un círculo muy reducido de personas, espacio y actividades. No se tiene noticias de que asistiera a las fiestas que se celebraban en Florencia, ni que tratase a otros jóvenes que no fueran los compañeros del taller de Verrocchio. Pero en todas partes hay enemigos, y hasta algunos que ni siquiera han llegado a ser conocidos por las personas objeto de tanto odio o envidia.

Por aquellos tiempos existía la costumbre de presentar denuncias anónimas. En Florencia podían depositarse en unos *tamburis* (buzones), que estaban situados en el Domo, delante del Palazzo-Vecchio. En una de estas denuncias, que iba dirigida a la Comisión de Costumbres, se acusaba a Leonardo y a otros dos jóvenes de haber practicado el "pecado nefando" (sodomía) con Jacopo Salterelli, un chiquillo de diecisiete años.

Llevados a juicio los cuatro implicados, ya que añadimos al que se consideraba agredido, se estimó que las pruebas aportadas resultaban insuficientes. Sobre todo se tuvo muy en cuenta que Salterelli era un ladronzuelo detenido en cuatro ocasiones, cuya declaración no podía ser considerada válida por venir de un mentiroso contumaz. El 9 de abril de 1476, los acusados fueron absueltos en primera instancia y, dos meses más tarde, en segunda.

No obstante, pudo más en la resolución del caso el hecho de que el padre de Leonardo fuese notario, que trabajase en el taller del famoso orfebre Verrocchio y, en especial, que uno de los acusados, Leonardo Tornabuoni, perteneciese a la familia de los Médicis.

A partir de aquel momento, el iniciado en el arte, la ciencia y la filosofía se aisló más que nunca. Quizá comenzase a escribir de forma invertida y hacia la izquierda, de tal manera que para leer sus textos era necesario utilizar un espejo. La mejor manera de proteger sus ideas del asalto del enemigo.

CAPÍTULO IV

LOS AÑOS MÁS CONFLICTIVOS

No olvidemos que mantenía una vida de asceta

No podemos olvidar que Leonardo seguía sin comer carne, observaba una vida de asceta y no mantenía trato sexual con ninguna mujer, ni con ningún hombre. Para él sólo existía su propia realización como ser humano a niveles de individualidad. Ya había hecho suyo este pensamiento que reflejaría en su "Tratado de la pintura":

"En el caso de que te resulte insuperable el deseo de satisfacer tu gula y tu lujuria..., ten en cuenta a aquellos que únicamente persiguieron colmar las abyectas apetencias de su cuerpo, de la misma forma que torpes bestias: ¿qué recuerdo dejaron al morir? Si te atrevieras a disculpar, con el pretexto de que te enfrentas a una necesidad irrefrenable, la falta de tiempo para estudiar y realizar unas obras válidas, nunca deberás acusar a nadie sino a ti mismo. El respeto de la virtud es pan del alma y del cuerpo."

Leonardo consideraba que la virtud es una larga y permanente caminata, para la que cada uno se debe preparar con todos los conocimientos posibles. No obstante, su concepto de la virtud no era del todo religioso, porque buscaba más su propia perfección que la de los demás. Terminó por actuar con mesura, fue tan generoso como su maestro Verrocchio y mostró la benevolencia del superior que disculpa los errores del inferior, a la vez que intenta corregirlos.

La estatua de un iniciado

En 1477, Leonardo realizó un bajo relieve en mármol de un guerrero, al que dio el nombre de P. Scipioni. Los críticos creen que se trata del famoso Escipión que derrotó a Aníbal. Lo que sorprende es que haya sido representado sin ninguna muestra de dureza, ya que sonríe igual que si jamás hubiese empuñado un arma.

Fred Berence ha podido demostrar que en 1472 se reeditaron en Venecia las obras de Macrobio. Esto permitió que Leonardo pudiera leer un pasaje de la vida de Escipión. Después de que éste hubiera conquistado Cartago, entre los prisioneros encontró a una princesa española, tan hermosa que se sintió fuertemente atraído y quiso conquistarla. No obstante, cuando la tuvo a su lado, ella le suplicó llorando que la devolviera al lado de su marido, ya que no había dispuesto de tiempo suficiente para conocerle carnalmente porque la guerra los había separado nada más desposarse.

El famoso caudillo romano podía convertir a aquella mujer en su esclava, por derecho de conquista. Cosa que no hizo. Prefirió ordenar a cuatro de sus guerreros más fieles que acompañaran a la princesa española hasta donde ella les indicase. Con este proceder demostró que, a pesar de sus veinticinco años, ya era un iniciado, es decir, el hombre que respeta la felicidad de los demás antes de satisfacer su lujuria. Todo esto lo plasmó Leonardo en la estatua.

Florencia reventaba de violencia

Italia se hallaba convertida, a finales del siglo XV, en un continente dividido en infinidad de principados y repúblicas. Entre todos éstos los principales eran los Estados de la Iglesia, el reino de Nápoles, el ducado de Milán, la Serenísima República de Venecia y la República de Florencia.

Con la presencia de un nuevo Papa, que se hizo llamar Sixto IV, el poderío de los Médices se vio amenazado por los ejércitos de Girolamo Riaro, sobrino del Papa. En seguida pagaron a una fuerza de mercenarios muy superior, por algo eran los banqueros más ricos de Italia, y pudieron salvar la Romaña y Ferrara, que constituían el botín apetecido por los agresores.

"Cabeza de un guerrero con yelmo". Es posible que Leonardo reflejase a un Escipión con aire más trágico.

Una vez establecida la paz de las armas, brotó el odio de las familias. Los derrotados organizaron lo que se llamó la conjura de los Pazzi. Éstos también eran banqueros. Comenzaron las intrigas, hasta que Lorenzo de Médicis se apoderó ilegalmente de una herencia. Después de unos enconados litigios, los Pazzi encontraron el apoyo de la Iglesia, hasta el punto de que los ejércitos pontificios planearon cercar Florencia.

Dado que esta operación militar podía costar muchas vidas, se decidió asesinar a los dos hermanos Médicis. Para ellos se envió al cardenal Rafaello Riario a Florencia, con el propósito de cometer el doble homicidio durante las fiestas que se celebrarían en su honor. Entre el séquito cardenalicio se encontraban quienes debían ejecutar los crímenes.

El 24 de abril de 1478, sólo Lorenzo de Médicis se presentó en el Domo. Quizá temiendo el peligro se prefirió preservar a Julián, el otro hermano. Sin poder conseguirlo, debido a que Francesco Pazzi le sacó de palacio con una añagaza. Cuando estaban juntos oyendo la misa, después de entrar en el templo cogidos del brazo, le clavó un puñal en el pecho. Los gritos del mortalmente sorprendido provocaron tal caos entre los cientos de asistentes, que el homicida se hirió con la misma arma acaso para dar idea de que él también había sido agredido.

Mientras tanto, Lorenzo había conseguido escapar del primer ataque. Herido en el hombro, se defendió con tanto valor de los tres enemigos que le rodeaban, que dio tiempo a que vinieran en su ayuda algunos de los amigos que se encontraban en el templo. En aquellos momentos Florencia ya reventaba de violencia. Cualquier locura podía suceder...

La venganza del pueblo

Francesco de Pazzi corrió a unirse con los fallidos atacantes de Lorenzo de Médicis. Todos intentaron escapar del Domo. Mientras tanto, las gentes habían descubierto el cadáver de Julián de Médicis, al que Florencia amaba como si fuera su hijo predilecto. Entonces, en una de esas reacciones colectivas imposible de controlar, el pueblo exigió una venganza inmediata.

Sabiendo que el cardenal había sido el responsable de la trama criminal, la masa fue en su busca. Y le hubiesen linchado de no intervenir todo el clero en su defensa. Pero nadie pudo evitar que se le encarcelera. Permanecería en prisión cuarenta años; y jamás recuperó la palidez que el terror imprimió en toda su piel durante aquella dramática jornada

Al mismo tiempo, el pueblo había llevado a la horca al arzobispo de Pisa, a Francesco Pazzi, al que arrancaron del dormitorio en el que se escondió, y a otros componentes de esta familia. El desenlace de la tragedia fue el reconocimiento del poder de los Médicis. Bien es cierto que con el paso del tiempo, como sucede en todas las cuestiones políticas, los perdedores que quedaron vivos no dejaron de intrigar, hasta conseguir algunas victorias parciales que, a la larga, dejarían satisfechos a todos. Como si los muertos, las injusticias y el dolor de las gentes careciese de importancia. Cosas de la política de cualquier tiempo.

Por cierto, Leonardo nos legó su testimonio de la conjura de los Pazzi al dibujar a un ahorcado. Se llamaba Bernardo di Bandino Baroncegli, y fue uno de los asesinos de Julián de Médices. Huido a Constantinopla, le detuvo la policía del Sultán para devolverlo a Florencia. En esta ciudad se le colgó el 29 de diciembre de 1479. La obra menor del genio de Vinci muestra una frialdad en los detalles, que revela la intención de proclamar que todo delito de sangre debe ser pagado con el mayor rigor de la justicia.

Una gran actividad como dibujante

Durante los últimos años que Leonardo permaneció en el taller de Verrocchio se dedicó a dibujar con una intensidad casi frenética. Todo le interesaba. Podía recorrer Florencia en busca de un rostro, de una figura o de un grupo de personas. Le atraían los viejos, las gentes de facciones exageradas y las que representaran los siete pecados capitales o todas esas emociones exacerbadas que bordean la locura.

También dibujó norias, máquinas, cañones y otros ingenios bélicos. Al carboncillo o con la pluma bocetaba rápidamente, sin pensar en llevar estos temas a un cuadro. Lo que le importaba era obtener un recuerdo de lo que contemplaba. Algunos de sus escritos dejan claro que aquellas semanas de gran violencia, en las que Florencia entera se convirtió en juez y verdugo contra los Pazzi, le marcaron profundamente. Y al reflejar la crueldad del hombre su voz adquirió un tono apocalíptico:

"...Combatirán sin cesar entre ellos, provocándose unos a otros los mayores daños imaginables, y sucumbirán legiones por ambos bandos. Su maldad no conocerá límites, y su salvajismo arrancará de raíz grandes árboles del bosque del Universo. Más tarde, en el momento que se sientan ahítos, todas sus ambiciones se centrarán en desencadenar la muerte, el sufrimiento, la desgracia, la guerra y la ira, sin importarles quienes sean las víctimas. En su incontrolado orgullo pretenderán elevarse hasta los cielos, pero sus cuerpos les pesarán excesivamente y siempre se encontrarán debajo. No quedará ser algunos sobre la tierra, ya sea bajo la misma o sumergidos en el agua, que no se vea acosado, obligado a abandonar la madriguera, destruido y llevado de un país a otro... ¡Oh, mundo! ¿Por qué no te decides a abrir las profundas entradas de tus cavernas y simas y los arrojas dentro? De esta manera el cielo dejaría de aguantar la visión de unos monstruos tan crueles y abominables..."

A Leonardo le horrorizaba el hombre cuando perdía el control, para transformarse en la fiera más salvaje de la creación. El león enloquecido ataca indiscriminadamente, pero nunca recurrirá a la traición, a la insidia, a la hipocresía y a la intriga. Todo esto sólo lo pueden conseguir seres que nunca deberían considerarse inteligentes, porque ponen su cerebro al servicio de la maldad absoluta: la que busca el aniquilamiento de los semejantes.

Su mente era un inmenso prisma

Hasta el siglo pasado poco se sabía de los fantásticos proyectos de Leonardo, debido a que se hallaban escritos y dibujados en numerosos cuadernos. Muchos de éstos habían desaparecido para siempre, y otros se encontraban guardados en los sótanos de bibliotecas oficiales, en desvanes de palacios y museos y en otros lugares casi inaccesibles. Allí habían sido dejados por funcionarios muy respetuosos de las normas; y como nadie les había ordenado que los catalogaran no se atrevieron a decidir por ellos mismos.

"Dibujo de hombre". (Museo del Louvre. París)

Afortunadamente, no sólo hay investigadores que viajan a Egipto o a cualquier otra parte del mundo en busca de grandes secretos. También existen los que se adentran en las inmensas salas donde se almacenan cientos de miles de libros. Para encontrar el "tesoro" de los cuadernos de Leonardo. Así se ha podido saber que en 1478 ya había estudiado la acción del agua, lo que le permitió realizar obras hidráulicas que hoy día maravillan a los especialistas.

Cuando empezó a utilizar los cuadrantes y diferentes instrumentos de medida, poco tardó en mejorarlos. Sabemos que construyó una clepsidra y otra clase de relojes. Y en esos sueños que sólo pueden brotar en la mente de un genio, se propuso levantar toda la iglesia de San Giovanni, que debía pesar cientos de toneladas y tenía una altura de unos treinta metros y una anchura de casi cien, para mejorar sus cimientos. ¿Qué fabulosas grúas pensaba utilizar para elevar todo el conjunto? ¿Con qué medios cortaría la base del edificio religioso?

Lo desconocemos. Pero no estaba loco, lo que ha de llevarnos a suponer que contaba con los medios. ¿Podemos imaginarlos si tenemos en cuenta que en la actualidad no se disponen de ingenios, ni siquiera electrónicos, para realizar una obra semejante?

La mente de Leonardo era un inmenso prisma, cuyas infinitas caras proyectaban luz sobre los miles de tema sobre los que reflexionaba y, más tarde, sometía a la oportuna investigación. Vasari dejó escrito este comentario que, hemos de reconocerlo, suaviza nuestro entusiasmo:

Exponía sus proyectos y aducía en su defensa razones y argumentos tan poderosos que el asunto parecía viable, aunque los demás, en cuanto él se había marchado, se daban cuenta de que la empresa era de todo punto irrealizable.

¿Irrealizable? Ahora sabemos que si Leonardo hubiera dispuesto de un motor, esa máquina voladora que diseñó fijándose en las aves, hubiese podido desplazarse en el aire. Lo mismo sucedería con muchos de sus inventos: se adelantó varios siglos. Siempre le faltó algo; pero el diseño era exacto, y no lo hubieran mejorado los especialistas actuales.

"La Virgen de Benois"

En 1478, Leonardo comenzó a dar muestras de que ya se hallaba en disposición de abandonar el taller de Verrocchio. La prueba más contundente la mostró con el cuadro "La Virgen de Benois". Una creación de aire juvenil, pero con una madurez artística insuperable. De nuevo el Niño Jesús aparece desnudo con una flor de jazmín en una mano, a la vez que María expresa una sublime maternidad, sin dejar de mostrarse tranquila.

Algunos críticos han querido ver en esta obra, como en las otras donde aparecen la Virgen y su hijo, una idealización del amor materno. Leonardo casi no pudo disfrutar de esta relación, por lo que plasmó en su pintura lo que tanto hubiera deseado. Una obsesión que le llevó ofrecer en la pintura un aire de naturalidad y simplicidad que resulta de lo más original, hasta el punto de que debemos considerarlo un ejemplo de la inquietud intelectual de su creador. Un cuadro digno del Renacimiento.

A esta obra se la conoce por otros nombres: "La Virgen que da una flor" y "Virgen de la flor". La mayoría de los críticos prefieren llamarla "La Virgen de Benois", porque la última propietaria de la pintura fue una rusa esposa de León Benois. Ésta se la vendió al zar Nicolás II, con lo que pasó al famoso museo del Ermitage. A partir de este momento los especialistas la reconocieron como una pintura de Leonardo da Vinci, cuando hasta entonces había sido catalogada como de un autor anónimo.

Los últimos trabajos de Leonardo dentro del taller de Verrocchio son unas espléndidas colaboraciones en un retablo para la capilla de San Bernardo, que se encontraba en el Palazzo-Vecchio de Florencia. Hemos llamado colaboraciones a un encargo que primero se hizo a Piero del Pollaiolo, diecisiete días más tarde se pasó a Leonardo y, cinco años después, debió terminar Filippino Lippi.

No sería la primera vez que el genio de Verdi dejaría un trabajo incompleto. Como su mente era incapaz de centrarse en un solo objetivo, establecía pausas para dedicarse a otras tareas científicas, filosóficas o humanísticas. Una conducta que entonces se consideraba normal en todo gran artista.

"San Jerónimo"

Distintas obras de Leonardo es tanto lo que sugieren, que no importa su condición de "inacabadas". Una de éstas es el "San Jerónimo". Antes de pintarlo examinó infinidad de cadáveres, para lo cual debió entrar en los depósitos de los hospitales, realizar bocetos de viejos desnutridos y de locos, así como efectuar infinidad de investigaciones anatómicas. Buscaba captar cada uno de los movimientos musculares, lo que se puede comprobar en unos estudios de la espalda y el cuello de un anciano extremadamente delgado que hoy se encuentran en la Biblioteca Real de Windsor (Inglaterra).

Gracias a todo este proceso de exploración, logró que el rostro del santo mostrase el dramatismo del hombre entregado por completo a la meditación, hasta el punto de alimentarse sólo para sobrevivir. De ahí que aparezca con una delgadez extrema, lo que se aprecia más al encontrarse materialmente desnudo. A derecha e izquierda la luz del paisaje destaca al personaje, que ha sido pintado con ocres.

En primer término, tumbado en el suelo se ve un león rugiente, cuyo cola y cuerpo forman una curva que ofrece la base del triángulo a todo el conjunto pictórico. Ahora sí que podemos comprender lo que el maestro escribiría más adelante:

"Cuando vayas a representar un desnudo, hazlo de manera que lo muestres por entero y, luego, termina el miembro que te parezca mejor y sírvete de él para construir la armonía del conjunto."

"La adoración de los Magos"

Otro de los cuadros incompletos es "La adoración de los Magos". Le fue encargado en marzo de 1481 por los monjes de la iglesia de San Donato extramuros de Scopeto. Por las notas que éstos dejaron sabemos que se lo fueron pagando, con el fin de que pudiera comprar alimentos, carbón y otros medios de subsistencia. Como era su costumbre, Leonardo realizó infinidad de estudios para cada uno de los casi cincuenta personajes que aparecen, a la vez que para la media docena de caballos.

"San Jerónimo". (Pinacoteca del Vaticano.)

Toda la composición es de un atrevimiento que sólo al genio de Vinci se le podía ocurrir, porque el divino momento de la adoración, con los magos y todo su séquito arrodillados o en una postura de sometimiento es acompañado con un fondo de batalla. Los jinetes pelean en medio del polvo; y en el suelo se contemplan unos cadáveres.

El blanco de albayalde se combina con el marrón, para que el cuadro adquiera el aspecto de un boceto impresionante. Pocos críticos se han atrevido a imaginar lo que hubiera sido esta obra una vez finalizada. Quizá motivos que ahora podemos contemplar hubiesen desaparecido, para dar paso a otros. De por sí la pintura inacabada es considerada una obra genial. Conformémonos con esto.

Florencia ya le ahogaba

Leonardo se hallaba en una de las encrucijadas de su destino. Su padre ya estaba teniendo hijos de su tercera esposa, había fallecido su abuelo y el dinero escaseaba. La fértil dispersión de su mente le impedía cumplir con los trabajos y, por encima de todo, esa necesidad suya de superar a todos los artistas de la época, le rodeaba de una fama de "inconformista". Los poderosos estaban eligiendo a otros pintores, como el papa Sixto IV al llamar a Perugino, Botticelli y Gurlandaio para que decorasen la capilla Sixtina. Había llegado el momento de abandonar Florencia, porque la ciudad le ahogaba.

Reflexionó mucho sobre esta cuestión. Un buen número de príncipes, duques y otros hombres importantes estaban cumpliendo el papel de mecenas de las bellas artes. Pensó en todos ellos, hasta que fijó su atención en Ludovico "el Moro".

Ludovico era el cuarto hijo de Francesco Sforza. Había nacido en Vigevano, el 3 de abril de 1451. Esto significa que sólo contaba un año más que Leonardo. Desde su niñez destacó por sus cualidades físicas y mentales. Como su temperamento resultaba inquieto e insaciable en lo que corresponde a la ambición, aprovecho la primera oportunidad que se le presentó de alcanzar la fortuna. No acababa su hermano Galeazzo María de caer víctima de las conspiraciones, cuando él estaba haciendo lo mismo contra Bona de Saboya, la regenta.

"La Virgen de Benois". (Ermitage. San Petersburgo.)

Al ser descubiertas sus intenciones, se le desterró de Milán. Pero regresó a los tres años con todas las bazas a su favor. En 1479 se nombró protector de su sobrino, y asumió los dos títulos que a éste le correspondían: el ducado de Bari y la regencia del ducado de Milán.

¿Qué príncipe o noble de Europa no se había servido de medios similares para ocupar el poder? El genio de Vinci contaba con un excelente recurso para ganarse a Ludovico: una lira de plata con forma de cráneo de caballo que le confería una gran sonoridad. Y dado que aquél estaba demostrando ser un amante de la música, por algo tenía en su corte al famoso compositor francés Josquin des Prés, al que en Europa se llamaba "el Príncipe de la Armonía", contaba con todas las bazas para ser aceptado.

CAPÍTULO V

EL MEJOR SIERVO DE LUDOVICO "EL MORO"

Ganador de un concurso de música

Leonardo partió hasta Milán en compañía del músico Atalante Migliorotti y de Masino di Peretola, al que apodaban "Zoroastro". Y cuando entraron en la capital de Lombardía, pudieron saber que se iba a celebrar un concurso de música libre. Todavía se podían apuntar los participantes.

Tres días más tarde, los seis concursantes se hallaban sentados alrededor del estrado. El maestro de ceremonias llamó al primero, que inició su actuación en medio de un expectante silencio. Las reglas de la competición exigían que se debía tocar una composición conocida, a elección, y después se exigía crear o improvisar una original.

Las intervenciones de los cinco músicos fueron muy aplaudidas, a pesar de que se pudiera advertir que les había faltado el chispazo de genialidad.

No ocurrió lo mismo al intervenir Leonardo, debido a que las damas allegadas a Ludovico "el Moro" parecieron quedar seducidas por la melodía. Entre ellas se encontraban Lucía Visconti, condesa de Melzi, y Cecilia Gallerani, hija de una noble familia milanesa y amante del duque de Milán. Las dos estaban rodeadas de su corte de damas y admiradores.

Mientras, el último concursante pulsaba la lira con dedos ágiles y seguros, lleno de inspiración. Una diferente, nítida y perfecta sonoridad se apoderó del silencio para transformarlo en emociones crecientes. Esto provocó unos susurros de admiración, que alguien acallo con unos siseos. Las veinticuatro cuerdas del instrumento, con forma de cabeza de caballo, magistralmente agitadas, consiguieron unos sones melodiosos que, a pesar de corresponder a una conocida pieza musical, sedujeron a todo el auditorio por las variantes que advertían. Por último, la ejecución fue recibida con un estruendo de aplausos.

Sin embargo, cuando se apreció la verdadera calidad de la música de Leonardo fue al interpretar su improvisación. Las notas ágiles, sentidas, de misteriosa y subyugante melodía, se esparcieron por el amplio salón, despertando evocaciones de un mundo diferente y fascinante.

Al final, no se escucharon unos aplausos convencionales, sino una ovación atronadora, espontánea, propia de quienes todavía no han conseguido superar una especie de trance hipnótico. Excelente manera de que Leonardo, el vencedor, ganase una bolsa de monedas de oro y, sobre todo, pudiera entrar con el mejor pie en la corte de Ludovico "el Moro"

Había vencido a auténticos profesionales con muchos años de experiencia, virtuosos de infinidad de instrumentos. Ninguno de ellos superior a aquel artista venido de Florencia. Con un instrumento que había causado la risa por sus formas, supo tocar unas melodías como acompañamientos de una canción improvisadas que, lamentablemente, nadie se decidió a copiar.

Algunos historiadores de la música han probado que la lira de Leonardo le permitió inventar el violín o, al menos, sirvió para que Gasparo de Salo lo construyera siguiendo los consejos de aquél.

Una carta de lo más sorprendente

La misma noche de su triunfo como músico y cantante, Leonardo y Ludovico cenaron juntos. Seguro que hablaron de aquel primer encuentro en Florencia. Después seguirían conversando de otros temas, para que el recién llegado a Milán se decidiera a escribir esta carta-propuesta:

"A Ludovico "el Moro":

"Luego, señor mío ilustrísimo, de haber podido contemplar y estudiar lo suficiente las obras de quienes se consideran afamados maestros en la fabricación de ingenios bélicos, y de haber verificado que la realización y utilización de esos aparatos no ofrece ninguna variación respecto a los ya conocidos, he de esmerarme, sin desmerecer a nadie, en conseguir ser escuchado por Vuestra Excelencia, con la intención de desvelarle mis secretos, brindándome en el momento que se estime conveniente a demostrar las cosas que, con escuetas palabras, citaré a continuación (junto a otras muchas que irán apareciendo según se discutan las que se encuentran en la relación):

"1º. He diseñado unos tipos de puentes, de poco peso, resistentes y de sencillo transporte, que pueden ser utilizados para acosar al enemigo o, si fuera preciso, escapar del mismo; y también he planeado otros distintos, muy seguros e imposibles de ser quemados en la guerra, y que resultan fáciles de montar y desmontar. También conozco medios para incendiar y destruir los del enemigo.

"2º. Puedo extraer el agua de los fosos que rodean los castillos, una vez han sido cercados. Sé construir poderosos puentes, catapultas, escalas de asalto y multitud de elementos propios de tales asedios.

"3º. Cuando la conquista de una plaza se ve imposibilitada por la existencia de unos terraplenes o de otros obstáculos montañosos, la única forma de obtener las victorias son las bombardas. Yo puedo cargarlas de una munición que atraviesa las más duras rocas o cualquier otro tipo de defensa a pesar de que sus cimientos sean de piedra.

"4º. Puedo fabricar unas bombardas de sencillo y cómodo manejo, que disparan una lluvia de pequeñas piedras y, a la vez, producen tanto humo que causa terror y una gran devastación al enemigo.

"5º. He diseñado aparatos para los combates navales, que lo mismo pueden ser ofensivos que defensivos. Mis naves jamás serían quemadas por el fuego de las bombardas, la pólvora y los vapores caloríficos.

"6º. Conozco mil formas para llegar al lugar que se quiera, por medio de excavaciones o senderos secretos. Los atacantes no producirían ningún ruido, a pesar de que avanzaran por debajo de fosos o algún río.

"7º. Item, fabricaré carros cubiertos y sólidos ante cualquier tipo de ataque, los cuales atravesarán las filas enemigas cargados de piezas de artillería desafiando cualquier tipo de resistencia. Y detrás de estos carros podría avanzar la infantería a salvo de cualquier andanada y sin ningún obstáculo.

"8º. Si se considerara imprescindible, construiré bombardas, morteros y otras máquinas de guerra, muy hermosas en sus formas y más mortíferas que todas las conocidas.

"9º. Allí donde no fuesen eficaces las bombardas, las sustituiría con catapultas, balistas, trabucos y otras armas de sorprendente eficacia, jamás conocidas hasta el momento. En resumen, de acuerdo con la naturaleza de los momentos, puedo inventar multitud de medios de ataque y defensa.

"10º. En época de paz, creo poder ser más útil que otro cualquiera en la arquitectura, a la hora de proyectar edificios, ya sean públicos o privados, y en la conducción de las aguas de un lugar a otro.

"Item, esculpiré figuras de mármol, bronce y arcilla, y todo lo que es posible en pintura, sin que se me pueda comparar a cualquier artista actual, ya que a todos los supero. Finalmente, me hallo dispuesto a comenzar en bronce un modelo de caballo que, una vez realizado, supondrá la gloria inmortal y eterno honor para la feliz memoria de vuestro señor padre y de la casa de Sforza.

"Si algunas de las propuestas mencionadas os parecieran imposibles o irrealizables, me ofrezco voluntariamente a demostrarlas en vuestro parque, o en el lugar que elija Vuestra Excelencia, a quien humildemente me ofrezco.

Leonardo da Vinci (Florentino)"

Un breve comentario

Esta carta parece más propia de un ingeniero militar. Quienes han podido estudiar toda la obra prodigiosa de Leonardo están convencidos de que no exageró en nada de lo que ofreció a Ludovico. Se hallaba capacitado para construir todos esos ingenios bélicos, lo que se puede observar en los cuadernos que había completado hasta 1481.

"La Adoración de los Magos". (Galería de los Oficios. Florencia.)

En el apartado 7º menciona unos carros cubiertos cargados de piezas de artillería, detrás de los cuales la infantería se encontraría a salvo. Aquí tenemos un anticipo de los tanques, que comenzaron a utilizarse en la I Guerra Mundial. Otras de las técnicas de asalto que cita ya son de uso común en las compañías de zapadores.

De nuevo nos encontramos con la genialidad de un ser humano único: sólo necesitaba estudiar cualquier máquina que le interesara, para conseguir rápidamente mejorarla y, en algunos casos, reemplazarla por otra muy superior.

Lo que nunca nos dejará de sorprender es que Leonardo se consideraba el hombre más pacífico y sensible del mundo. ¿Hemos de suponer que esta dedicación a la guerra naciese en él después de asistir a las insidias de Florencia? ¿No veía en todos esos enemigos que iban a ser combatidos con las armas que él inventase a los crueles Pazzi?

¿Quién era Ludovico "el Moro"?

Ludovico "el Moro", señor de Milán, no ofrecía las condiciones de un guerrero, y sí las de un intrigante. El apodo se lo debía a su tez oscura, y se sentía orgulloso de que se le hubiera añadido ese apelativo. Hijo de un zapatero, dio al salto al poder gracias a Francesco Sforza. Como podemos entender no le correspondía el ducado por derechos de herencia. Aspiró al mismo después de haberlo ostentado su hermano. Para conseguirlo, no dudó en encarcelarlo con unas falsas acusaciones y, después, le dejó morir, aunque muchos contaban que él mismo le envenenó.

Ludovico se nombró duque y, en seguida, comenzó a una intensa labor diplomática. Arte para la que estaba muy bien dotado. Llegó a considerarse tan importante en Italia, que se jactaba de que "tengo al Papa con mi capellán, al Emperador como mi consejero y al Rey de Francia como mi cartero".

Rodeado de tanta grandeza, se dio cuenta de que en el terreno de las bellas artes Milán no se podía comparar con

Florencia, Roma y Venecia. Por este motivo aceptó la presencia de Leonardo. Aunque las presiones bélicas obligaron a que éste se dedicará más a diseñar armamentos.

Ideó un carro blindado, al que equipó con hoces y cuchillas. Se movía con un ingenioso sistema de engranajes giratorios. También contaba con una torreta de observación. Las ruedas eran accionadas por un mecanismo de transmisión. Y estaba provisto de unos cañones. No creemos que llegará a ser operativo. Siglos más tarde, unos ingenieros italianos construyeron este carro blindado, de acuerdo con los planos de Leonardo, y pudieron comprobar su funcionamiento. Pero en aquellos tiempos, hacia 1917, ya existían unas máquinas bélicas superiores.

Nos hallamos ante un *uomo universal* ("hombre universal"). Compraba animales enjaulados para dejarlos en libertad, nunca había llevado espada al cinto, aunque muchos artistas, como Benvenuto Cellini, utilizaban esta defensa; sin embargo, fue uno de los mayores ingenieros bélicos que ha conocido la Historia. Singular paradoja.

En el terreno del armamento los talleres de fundición de Milán eran de los más avanzados del mundo. Leonardo aportó muchas de sus ideas en este terreno, además de una grúa gigantesca para desplazar los cañones por medio de cabrías y palancas.

Tampoco se olvidó de las técnicas de asedio y de defensa. En este terreno ideó un sistema de palancas, que recorrían las almenas para destrozar las escalas del enemigo.

Los primeros años en la ciudad lombarda los pasó Leonardo en casa de los Predis. Éstos eran unos magistrales artesanos: el hermano mayor destacaba como grabador; el segundo, como tallador de madera; el tercero, como miniaturista; y el más pequeño, como retratista. El último sería uno de los mejores copistas de las obras del genio de Vinci, lo que en aquellos tiempos no se consideraba un demérito, al contrario: lo normal es que cuando se realizaba una gran obra, infinidad de pintores se dedicaran a copiarla, permitiéndose en ciertos casos introducir algunas pequeñas variantes.

Al final trabajó como un escultor

Ludovico "el Moro" encargó a Leonardo que esculpiera la estatua en honor de Francesco Sforza. Pero no se olvidó de las demás ofertas. A su debido tiempo, le iría exigiendo que cumpliese las misiones de ingeniero, arquitecto y, singularmente, de organizador de las fiestas de palacio y de la ciudad.

A los pocos días, ya estaba el genio de Verdi estudiando minuciosamente el comportamiento de los caballos y su anatomía. Al mismo tiempo se adentraba en las técnicas de fundir el bronce. Hasta el punto llegaron sus conocimientos en las dos materias que escribió y dibujó unos libritos o Tratados, que constituyen una exposición tan nítida y perfecta de las materias que los especialistas actuales no conseguirían superarlos.

Cuando Leonardo ya estaba instalando la estructura sobre la que iría montando el yeso del gigantesco caballo, el 25 de abril de 1483, la Confraternidad de la iglesia de San Francisco de Milán le pidió que participase en un gran cuadro. Iba a ser una especie de tríptico, que compartiría con los hermanos Predis, Ambrogio y Evanngelista. A él le correspondería la parte central.

Se firmó un contrato para que la obra estuviese terminada el 8 de diciembre del mismo año. Cosa que Leonardo no cumplió, a pesar de saber que esto le iba a suponer una fuerte multa. Lo que sucedió con ésta, si la pago o no, poco ha de importarnos. Lo que merece la pena es mencionar los resultados: "La Virgen de las Rocas".

La pintura es universal

Con el cuadro de "La Virgen de las Rocas" Leonardo dejó patente todo su arte. Si él escribiría que "la pintura es universal", debemos reconocer que cuando la interpretaba su pincel se convertía en filosofía, música y poesía. No reflejaba el mundo, sino que lo interpretaba para conferirle luminosidad sirviéndose, con una magistral habilidad, de las sombras. La Virgen se asemeja a un director de orquesta que marca las pautas del conjunto, ya sea en relación con el pequeño San Juan que con el niño Jesús. Para definir lo que sucede al contemplar a este último personaje recurriremos a Giles de la Tourette:

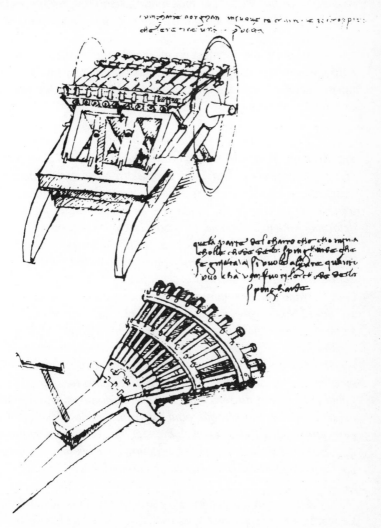

Esta pieza de artillería ideada por Leonardo contaba con treinta y tres cañones que disparaban alternativamente.

Efervescencia de vida dentro de una cristalina apariencia espiritual, esa humanidad infantil ofrece un acabado que en raras ocasiones aparece en la obra de Leonardo; ha sido amorosamente trabajada en sus más nimios detalles, y así consigue el creador que resuene toda la física existencia de la infancia.

La magia se localiza en el genial empleo de los claroscuros, ya que dan un gran relieve a las figuras principales y, al mismo tiempo, éstas sublimizan las tinieblas. Fred Berence lo expone de esta manera:

El propio tema se halla muy lejos de su aparente sencillez. El simple hecho de que los críticos hayan confundido al Niño Jesús con el pequeño San Juan, demuestra hasta qué punto este cuarteto es complicado de explicar. En efecto, María, en lugar de proteger a su hijo Jesús, rodea con su brazo, que el pintor ha deformado intencionadamente, a San Juan, y con el otro bendice al Niño Jesús: gesto alejado de toda tradición, ya que, en su condición de madre, no lo abraza contra su corazón, sino que lo adora. En cuanto al maravilloso personaje de la derecha, en el cual la tradición pretende contemplar a un ángel, en lugar de señalar al Niño Jesús, apunta el dedo hacia San Juan, el cual, por su parte y respetando totalmente la tradición evangélica, venera al niño Jesús, que le bendice. ¿Qué se ha buscado con estas diferencias, con ese doble hogar espiritual que convierte una bendición en adoración? Al releer el Nuevo Testamento, uno se pregunta si la Virgen no será Isabel y si el seudo ángel en realidad no sería María. Pero lo que aquí importa, debido a que resulta perceptible para todos, es el doble significado de esta pintura, que simboliza el descenso de la Luz dentro de la gruta, y su encarnación en el cuarteto que celebra el triunfo del espíritu.

Dado que del cuadro existen varias copias atribuidas a Leonardo, se cree que éste quiso satisfacer a unos clientes poco generosos. Por otra parte, de no haberlo realizado él, se hubieran encargado otros de ello.

La corte de Milán

Ludovico "el Moro" era un hombre sensual en todos los sentidos. Gobernaba una de las tierras más ricas de la península italiana. Llevaba algunos años sin librar batallas contra los suizos, que tiempos atrás descendían por los Alpes para asaltar las ricas villas lombardas. Esperaba poder casarse con Beatriz de Este, hija del duque de Ferrara, que sólo contaba siete años, mientras tanto se entretenía con varias amantes. Pero a la que más solicitaba era a Cecilia Gallerani, con la que vivió largas temporadas y llegó a darle dos hijos.

Todo le iba tan bien, que cometió un error que los historiadores no terminan de comprender. Si había conseguido convencer a su sobrino Gian Galeazzo para que no reclamase el ducado de Milán, a pesar de que le correspondiese por derechos de herencia, ¿por qué le hizo casarse con Isabel de Aragón, la nieta del rey de Napoles?

Debió pensar que de esta manera contaría con mayor poder, al firmar una sólida alianza con uno de los hombres más poderosos de Italia. Poco le preocupaba una jovencita de diecisiete años.

Por este motivo, organizó unos grandes festejos un año más tarde, el 13 de enero de 1490. Este aplazamientos se debió a unos lutos por la muerte de Hipólita Sforza, la hermana de Ludovico. Al gran acontecimiento se le dio el nombre del "Paraíso" y fue organizado por Leonardo da Vinci.

La música en la corte de Milán

Ya hemos contado que Leonardo ganó un concurso de música nada más llegar a Milán, a pesar de competir con grandes artistas. Es posible que allí la música fuese más apreciada que la pintura y la escultura. Se contaba con una de las mejores orquestas de Europa, aunque casi todos sus componentes fueran holandeses. El cargo de maestro de solfeo recaía en Franchino Gafurio, que a su vez dirigía el coro de la catedral.

Leonardo trató mucho a este personaje, especialmente cuando estudió el órgano para comprobar las calidades tonales de cada uno de los tubos. Debemos resaltar que sabía cantar, tocaba varios instrumentos y componía letras, hasta llegar a improvisar con gran facilidad. Una habilidad que le venía de muy joven, como la de inventar chistes y fábulas. Leamos la de "La alheña y el mirlo":

"La alheña, al sentir sus tiernos ramos cargados de fruto punzados por las afiladas garras y el pico del insolente mirlo, se quejó a éste con lastimero reproche, suplicándole que, puesto que robó los deliciosos frutos, debería al menos respetar las hojas que servían para protegerlos de los ardientes rayos del sol y que desistiera de arañar la tierna corteza con sus cortantes garras.

"El mirlo le contestó con airado reproche: "Cállate, inculta planta. ¿No sabes que la naturaleza ha hecho que produzcas estos frutos para mi alimento? ¿No ves que estás en el mundo para servirme de alimento? ¿No sabes, pequeña criatura, que para el próximo invierno serás presa y pasto del fuego?"

"El árbol escuchó con paciencia y con llanto estas palabras. Poco después el mirlo fue aprisionado en una red y cortaron ramas para hacerle una jaula. Estas ramas fueron cortadas de la complaciente alheña, entre otras plantas. Viendo entonces la alheña que ella había sido la causa de que el mirlo perdiera la libertad, dijo con gozo: "¡Mirlo, aquí me tienes y todavía no me han quemado como tú dijiste! Te veré en prisión antes de que tú me veas quemada."

El genio de Vinci diseñó un timbal de percusión mecánica regulado con un mecanismo de ruedas dentadas; un badajo automático para tocar las campanas; una zafonia; y la viola tan empleada por los mendigos de la época que tocaba por sí misma.

Como resultaba tan buen conversador, sus interlocutores siempre esperaban una de sus agudezas. Cierto día le preguntaron cómo podía haber un pintor que pintaba niños tan hermosos en sus cuadros, cuando en realidad tenía los hijos más horribles. La replica de Leonardo fue así de aguda:

"El pintor crea sus cuadros por el día, mientras que a sus hijos los hace por la noche."

También era un gran maestro de escena

Las gentes de Milán debían ser gratamente sorprendidas; y se vieron envueltas en unos espectáculos encadenados que nunca olvidarían. Como el dinero no faltaba, Leonardo llenó las calles de sátiros y ninfas, cuyos disfraces el mismo diseñó. En cada calle, plaza y edificio importante fueron situados grupos de músicos, que se alternaban con recitadores de versos.

"La Virgen de las rocas". (Louvre)

Ante el Domo se alzaba una colina provista de unas gradas, en cuya cima destacaban unas cortinas de terciopelo. Allí se encontraba el "Paraíso", que era una semiesfera dorada toda llena de estrellas. Encima de la misma aparecían los doce signos del Zodiaco totalmente iluminados.

Ginevra Benci (National Gallery. Washington.)

Al caer la noche, dio comienzo la función teatral con unos discursos de Apolo y Júpiter. En el momento que éstos se callaron, aparecieron siete actores representando a los planetas. Todos ellos declamaron loas en honor de Isabel. Y cuando el numeroso público creía que el número había finalizado, se desprendió del cielo una gran esfera solar, que rodando fue a situarse delante de la homenajeada y, al querer ésta tocarla, se abrió sorprendentemente para que salieran de la misma una docena de palomas blancas.

Esta apoteosis de la fiesta fue premiada con una explosión de aplausos. El triunfo de gran maestro de escena, que por vez primera había recurrido a un ingenio de relojería, casi un autómata, para controlar el desplazamiento de la esfera y, en el momento preciso, conseguir que se abriera para dejar escapar a las aves.

Ahora sí que podemos entender la causa de que el caballo de bronce todavía no estuviera terminado. Por aquellas fechas sólo era un inicio de estructura, además de un gran número de estudios y bocetos. Leonardo cumplía muchos otros servicios, lo que lamentamos sus admiradores. En realidad, al encargarse de los festejos no dejaba de cumplir el papel de un gran histrión, lo que en cierta manera halagaba su vanidad de ser humano.

CAPÍTULO VI

NUNCA SE CANSABA DE CREAR

Una corta estancia en Pavía

En 1490, Leonardo llegó a Pavía junto a Amadeo y Francesco Martini da Siena. Se proponían comprobar los trabajos que se estaban realizando en la catedral. Se alojaron en la "Hostería del Moro", donde la Fábrica del Duomo de la ciudad les había reservado unas habitaciones. Porque el genio de Vinci era el responsable del edificio religioso, como lo demuestran los dibujos que todavía se conservan.

Nos hallamos ante la primera obra arquitectónica de Leonardo. Es difícil hablar de originalidad. Aprovechó ideas ajenas, para materializarlas con una precisión matemática. Años más tarde, cuando se le encargó construir el templo de San Lorenzo de Milán, se atrevió a prolongar el crucero para que finalizase en un hemiciclo, y a continuación levantó una planta octogonal con ocho ábsides. En esto sí que aportó un toque muy personal, porque le encantaban las dificultades.

Una de las obras de arte que más admiró el genio de Vinci fue la estatua ecuestre erigida en honor del rey godo Gisulf. Quedó tan impresionado que escribió este comentario:

"La acción que muestra el monumento de Pavía me causa un asombro sin límites; el caballo trota como si fuera de verdad."

Al encontrarse con el Teatro de la Antigüedad, una de las joyas de Pavía, comenzó a idear una misa organizada de forma teatral con el fin de que todas las otras, hasta las convencionales, resultaran más amenas. Para ello dibujó un templo compuesto de tres naves con una columna en el centro a manera de púlpito. No contento con este proyecto, planificó un mausoleo superior a cualquier edificio conocido: una pirámide de tierra provista de tres grandes escaleras exteriores. En su interior irían tras cámaras mortuorias y un centenar de urnas, todas ellas revestidas de granito. Al contemplar los planos, lo único que se nos puede ocurrir es que la obra era digna de un Faraón.

También diseñó burdeles y cuadras

Dentro de un plano más modesto, se atrevió a presentar el plano de un burdel, que contaría con unos accesos muy discretos. Esto permitiría que las prostitutas y los clientes mantuviesen el anonimato. También proyectó unos establos con red de alcantarillado, acaso para Severino, que era el hombre que le había proporcionado diferentes caballos, con el fin de que los estudiase mientras preparaba la estatua ecuestre en honor de los Sforza.

No se sabe si Leonardo permaneció mucho tiempo en Pavía. Existe la posibilidad de que realizase trabajos de ingeniería en el Castillo, además de pintar algunos cuadros, todas las cuales se perdieron con la explosión del palacio ducal. Lo que sí realizó fueron decenas de dibujos, que se encuentran en el Manuscrito B. Entre éstos podemos destacar el diseño de unos baños para los duques, que constituyen todo un prodigio hidráulico.

Mientras trabajaba en cualquiera de los encargos, el genio de Vinci siempre encontraba la manera de dialogar con los grandes filósofos que vivían en la ciudad. También frecuentó los cursos de Anatomía. Se entregó con tanto entusiasmo a esta tarea, que al tropezarse con los jóvenes que acudían allí a perder el tiempo escribió:

"Merecerían un discurso de reprimenda todos estos estudiantes impertinentes."

La ciudad era lo que importaba

Isabel de Aragón poseía una mente tan despierta que muchos antes de celebrarse las fiestas aplazadas de su boda, ya había caído en la cuenta de que estaba casada con un títere de Ludovico. Una sumisión que se dispuso a combatir en el mismo instante que tuvo un hijo, sobre el que recaía el derecho a heredar el ducado de Milán. Sabría esperar la ocasión más favorable.

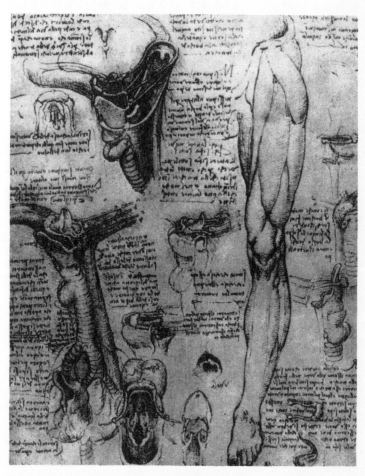

Una de las más de cien láminas de Anatomía dibujadas por Leonardo. (Se conserva en la Biblioteca Real de Windsor. Inglaterra.)

En 1483, se declaró la peste en la ciudad de Milán. Resultó tan cruenta que afectó a todas las casas y llevó a la tumba a un tercio de la población. En vista de que nada podía hacer por aquellas gentes, Leonardo, que ya había vuelto de Pavía, pensó en reconstruir toda la ciudad de Milán en las proximidades de un río de aguas limpias. En lo alto estarían las viviendas y las calles para los peatones, y en la zona baja se moverían los caballos y los carruajes. Los dos plantas quedarían unidas con unos canales, por los que llegarían las provisiones hasta las bodegas.

El proyecto era tan fabuloso por su originalidad, a la vez que demasiado caro, que nunca fue realizado. Sin embargo, quedó en los planos, dando idea de un moderno urbanismo: Leonardo no olvidó un sistema de alcantarillado, llevar el agua a las casas y aislar a los seres humanos de los ruidos y, sobre todo, de la suciedad.

Aquellas inmensas ciudades europeas, herederas de la poco higiénica Edad Media, llenaban de estiércol las calles, las gentes defecaban bajo los soportales, se arrojaba la porquería por las ventanas y todos se lavaban muy poco. Cuando llegaban las grandes epidemias, que entre los siglos XI y XII redujeron la población del viejo continente a la mitad, aquella basura se convertía en el caldo de cultivo de las enfermedades. La nobleza creía que la mejor defensa era abusar de los perfumes más intensos.

Leonardo pretendió enseñarles que debían ser limpios, disponer de cloacas y no convivir con los animales. Algo que ya habían realizado con éxito los antiguos griegos y romanos, lo mismo que los egipcios. Pero nadie le hizo caso.

Una vez Milán quedó libre de toda amenaza, el genio florentino pudo dedicarse a finalizar el castillo de Ludovico. En estas tareas colaboró con Bramante, un extraordinario arquitecto, pintor y escultor, al que en muchos aspectos se parecía. También era un artista protegido por el gobernador de la ciudad.

La ingente obra de Leonardo

Richard Friedenthal prueba en su biografía de "Leonardo da Vinci" la ingente obra de éste:

Leonardo trabajó a lo largo de toda su vida con afán incansable. Llenó carpetas, libros de notas y cuadernos con miles y miles de dibujos y pensamientos. Estas obras destilan confusión porque los intentos de su propio autor por ordenarlos nunca pasaron de eso: un intento. A veces prolonga el hilo de sus pensamientos en varias hojas. Con frecuencia recoge pura y simplemente vocablos, expresiones e incluso las ideas que han suscitado en él los libros ajenos. Leonardo fue un gran lector: sabía algo de latín y poseía conocimientos rudimentarios de griego. Estos saberes procedían, sin duda, de florilegios, de antologías, pues no llegó a estudiar a fondo la obra completa de ningún escritor clásico. Él tampoco escribió un libro propiamente dicho. El mismo Tratado de la pintura, *que mantuvo viva su fama antes de conocerse sus manuscritos, fue una recopilación de diversos fragmentos (entre los que cabe destacar la Discusión sobre el valor de la pintura en comparación con el resto de las artes) y dibujos alusivos al tema. Lo mismo puede aplicarse al Libro sobre el movimiento del agua. En nuestros días todavía se sigue catalogando su ingente producción integrada por más de siete mil hojas, tarea nada fácil si tenemos en cuenta que a partir de su muerte se hicieron recopilaciones sin rigor científico, como por ejemplo el* Codex Atlanticus, *así denominado por el tamaño de sus hojas, que Pompeyo Leoni, discípulo de Miguel Ángel, recortó, montó y proveyó de pequeñas aberturas en los dorsos. El calificativo de "codex" dado a los manuscritos de Leonardo induce a error. El* Codex *sobre el vuelo de las aves es un cuadernillo de apuntes del tamaño de un palmo, parecido a los que el artista solía llevar a la cintura para anotar durante sus paseos las observaciones, ideas y cualquier otra cosa que le pasara por la cabeza. Leonardo era un* viajero y sus pensamientos se desplazaban con él. Su *"método"* consistió en la interrogación. Se planteaba preguntas a sí mismo y a los demás, muchas de las cuales no han recibido respuestas hasta siglos después, y algunas ni siquiera hoy han podido ser contestadas.

Citaremos un ejemplo. En sus proyectos de planificación urbana, Leonardo se plantea el problema del tráfico, cuestión que sin duda no era tan apremiante como en la actualidad, y los soluciona ideando calles dobles: elevadas para las clases altas, y bajas para la plebe y los vehículos de carga. El proyecto ilustra con gran exactitud la mentalidad aristocrática del hijo de una campesina.

La duplicación, la multiplicación constituía una de sus ideas favoritas, y así lo demuestra el análisis de sus máquinas de guerra. A Leonardo no le basta con inventar nuevas piezas de artillería; concibió, además, un *"cañón de vapor"*, que, con una alusión mistificadora a una pretendida obra de Arquímedes, denominó el Architronito o *"architronador"*, permítasenos la expresión: sobre una caja con carbones encendidos se colocaba un recipiente lleno de agua. Al calentarse ésta desprendía vapor que era dirigido hacia abajo gracias al tornillo de Arquímedes, proyectando las balas hacia abajo *"como por arte de magia, máxime al ver su furia y oír su estruendo"*. Leonardo llegó incluso a colocar ruedas a este artefacto y a dotarlo de un dispositivo regulador del tiro, pero nunca entró en servicio.

Sin querer llevar la contraria a Friedenthal, añadiremos que un gran número de los proyectos de Leonardo han sido llevado a las prácticas en el siglo pasado y en éste. Sólo se buscaba si hubieran podido funcionar, en el caso de que las autoridades de la época los hubiesen financiado. Y en todos los casos el ensayo resultó positivo. Por este motivo, actualmente se considera que el genio de Vinci fue uno de esos hombres que se dan cada milenio.

Repudió la falsa alquimia y la magia negra

Leonardo conoció la alquimia y la magia negra con sus dos primeros profesores; pero, como ellos, repudió todo lo que pretendía engañar a la gente. Lo suyo era la ciencia pura:

"El experimento nunca yerra; el error reside en el juicio del hombre, que se promete un resultado diferente del fundado en nuestra experiencia... Las personas se quejan injustamente de la experiencia y la critican con acerbos reproches por ser engañosa. Dejad en paz la experiencia y quejaros más bien de vuestra propia ignorancia, que os... promete cosas que no dependen de ella..."

Boceto de Leonardo para una iglesia con desarrollo basiliscal.
(Dibujo del Manuscrito B.)

"¡Oh, investigador de las cosas! No te jactes de conocer aquello que la Naturaleza, en su orden, ha reservado para sí. Alégrate empero de saber el objeto y la finalidad de los frutos de tu propia inteligencia...

"Viendo que sólo puedo aprovechar materiales de escasa calidad y belleza porque los que nacieron antes que yo se apropiaron de todo lo útil y necesario, haré como aquel pobre que llega el último a la feria y se ve obligado a cargar con las cosas que el resto de la gente ya había visto y desdeñado por su escaso valor. Esta mercancía modesta y despreciada, sobras de numerosos compradores, la cargaré yo sobre mi acémila, y cruzaré con ella los pueblos miseros y las aldeas, que no las grandes ciudades, y la expondré a la vista de todos y recibiré por ella el precio que la cosa en sí merezca."

Con esta modestia, consciente de que en muchos terrenos otros se le habían anticipado, se sirvió de la experiencia para abrir nuevos caminos. Porque se movía con las reglas básicas de la investigación: observar a fondo, comprobar los medios disponibles y la propia capacidad, experimentar honestamente y, por último, esperar los resultados. Y en caso de fallar, intentar localizar el error, para repetir todo el procedimiento, sin descanso hasta llegar a la meta establecida.

La mayoría de sus proyectos fueron rechazados

Leonardo inventó un laminador que facilitaría la fabricación de piezas de artillería. Cuando se lo propuso a Ludovico, se encontró con tantas disculpas que acabó por desistir. Y lo mismo sucedió con una fundidora.

El duque de Milán estaba obteniendo unos ingresos de seiscientos mil ducados, lo que suponía mayor cantidad de la que recaudaban algunos países europeos veinte veces más grandes en sus dimensiones geográficas.

Esos proyectos del genio de Vinci de construir nuevas villas, los aparatos para destilar, los molinos de viento con techumbre giratoria o las prensas tipográficas significaban muy poco para el ambicioso. Por eso se negó a financiarlos.

Curiosamente, sólo se le permitió que construyese una sauna para la duquesa y una moderna granja. En realidad lo que se esperaba de él es que terminase la estatua para la que había sido contratado.

Bocetos para el "Caballo". (Biblioteca Real. Windsor. Inglaterra.)

El caballo que nunca fue de bronce

Leonardo pretendió que su caballo fuese el más grande que se había conocido. Y en estas pretensiones sí que le apoyó Ludovico. Ya hemos escrito lo mucho que estudió a los equinos y las técnicas del fundido en bronce. Al final, se había inclinado por colocar la montura levantada sobre las patas trasera, al mismo tiempo que el jinete alzaba una mano en señal de victoria. Todo el conjunto medía de altura 12 brazas (7,64 metros) y su peso alcanzaba las 2.000 libras

En 1493, dio por concluido este coloso en yeso, que todo Milán acudió a contemplar con la admiración de quien sabe que se halla ante una obra muy superior a todas las esculpidas hasta aquel momento. Los poetas ensalzaron la escultura; y uno de ellos exclamó:

-¡Estoy convencido de que ni Grecia ni Roma vieron jamás algo tan grande!

Pronto las malas lenguas comenzaron a decir que la estatua jamás podría ser fundida, debido a que no existían hornos tan grandes. Su creador ya había pensado en este problema. Iba a utilizar cuatro inmensos hornos de fusión que verterían el metal al mismo tiempo, para después ensamblar perfectamente las piezas. Lo peor surgió en el momento de solicitar que se le proporcionaran doscientas mil libras de bronce. Porque la petición fue a coincidir con unos presagios de guerra, lo que aconsejaba emplear el dinero en pagar a mercenarios y comprar armamento.

Así el Caballo quedó en el patio de armas del palacio ducal, pero en yeso. Nunca sería de bronce y, por el capricho de unos soldados ignorantes, sería destruido. Pero esto lo contaremos a su debido tiempo.

CAPÍTULO VII

"LA SANTA CENA"

"La dama con armiño"

Al observar el gran números de mujeres que Leonardo pintó, hemos de admitir que poseía una sensibilidad muy especial para captar detalles que a otros hombres le hubiesen pasado desapercibidos. La delicadeza de los tocados, la tonalidad de los cabellos, el detalle de las joyas, la profundidad de los corpiños y las manos. Éstas eran una de las máximas preocupaciones del genio de Vinci; y jamás las descuidaba, ni siquiera en los hombres más insignificantes.

Hacia 1485 le fue encargado el retrato de Cecilia Gallerani, una de las amantes de Ludovico "el Moro". Y a esta tarea se entregó de una forma profesional, ya que necesitaba cumplir con su trabajo. El resultado fue "La dama con armiño", que está considerado como uno de los retratos más hermosos de la pintura universal. La modelo aparece en escorzo, el rostro ligeramente vuelto sobre el hombro izquierdo, y lleva un armiño blanco sobre el brazo izquierdo, al mismo tiempo que lo sujeta con la mano izquierda. El animalito simbolizaba la pureza y, además, al ducado de Milán.

Por el hecho de que el fondo sea completamente oscuro, la figura de la dama adquiere tal volumen que parece ir a salirse del cuadro. Hay tanta luz sobre el rostro de rasgos delicadísimos, que resulta imposible evitar enamorarse de ella. No sólo se representa a una querida, ya que parece una joven que nunca ha conocido el placer carnal, es toda una "virgen" intocable. Y por vez primera aparece la expresión inegmática, que tanto se ha elogiado en un cuadro posterior, "La Gioconda", porque se diría que la boca femenina sonríe, lo mismo que hacen sus ojos; pero la cosa no queda tan claro.

Y esa luz indirecta que tan sabiamente utilizaba Leonardo otorga a la pintura una realidad llena de vida. Viéndola nadie puede contener un suspiro. ¿Es posible que esta sublime hermosura, retenida en un instante, haya podido ser herida por la vejez y la muerte? No, por favor, alejémonos del pesimismo. Mientras el cuadro exista, Cecilia Gallerani, "la dama con armiño", será así, igual que si para ella se hubiera congelado el tiempo.

Todo lo que acabamos de exponer lo apoyaremos en este verso del poeta Bellincione:

¿De qué te quejas, de quién tienes envidia, Naturaleza?
De Vinci, que ha retratado a una de las estrellas...

En la misma época, Leonardo pintó a Beatrice de Este, hija de Ludovico "el Moro". Hoy esta obra es denominada "Retrato de mujer" o "La dama de la redecilla de perlas". También es muy bella, aunque el creador le ha importado más reflejar la firme personalidad femenina, unida a una gran dignidad. Y para individualizarla la añade un enebro.

Las otras ocupaciones

El genio de Vinci era incapaz de dedicarse a un solo objetivo, tampoco a dos o a tres. Necesitaba mantener su cerebro ocupado en multitud de asuntos. Ahora sabemos que en aquellos tiempos trabajaba en la mejora del Duomo de Milán, cuya estructura arquitectónica consideraba "enferma". Para él los primeros arquitectos se habían equivocado al calcular los pesos y las fuerzas de todo el edificio.

Sus planos fueron considerados válidos; y se autorizó su realización. Pero, de nuevo, otros trabajos desviaron su interés. Creemos que jamás volvió a pensar en el Duomo. Le preocupaban otros proyectos de hidráulica y desecación para la ciudad de Vigevano, donde tenía su residencia veraniega Ludovico "el Moro". También realizó unas correcciones en los grandes molinos de viento.

"La dama con armiño". (Czartoryski Museum. Cracovia.)

Se cree que en estos meses recibió el obsequio, por parte del duque de Milán, de un viñedo de dieciséis hectáreas en las proximidades del foso de Porta Vercellina. Su primera idea fue la de construir allí una casa, en la que pasaría largas temporadas. Como siempre, cambió sus intenciones al poco tiempo. Prefirió alquilar el viñedo al milanés Giovanni Battista da Oreno.

Un ladronzuelo apodado Salai

Leonardo ya era reconocido en Milán como el artista más grande. Nadie discutía su forma de comportarse, porque no daba motivos para las críticas, aunque sí para los elogios de quienes le conocían de verdad. Que estuviera mostrando una cierta generosidad con sus jóvenes ayudantes era una cuestión personal.

En el momento que apareció Giacomo en la vida del genio da Verdi, comenzaron a producirse unas pequeñas anormalidades que las gentes de la época no consideraron criticables; sin embargo, algunos historiadores las han utilizado para inventarse una pedofilia, es decir, atracción sexual por los niños que nosotros rechazamos en todos los sentidos. El mismo Leonardo dejó en sus cuadernos algunos comentarios sobre esta relación:

"Giacomo ya vive en mi casa desde el día de la Magdalena de 1490. Cuenta diez años. Es un ladronzuelo mentiroso, cabezota y glotón. A la mañana siguiente aparté un dinero para que se comprara dos camisas, unas calzas y un jubón; pero, aprovechando que yo me había dado la vuelta, robó todas las monedas. Sólo pudo ser él, ya que nadie nos acompañaba en la estancia. Por mucho que insistí para que confesara su delito, se negó a hacerlo."

A pesar de este comportamiento Leonardo le siguió teniendo a su lado durante muchos años. Y aquel niño continuó robándole, sometiéndole a algunas pequeñas traiciones y a otras fechorías. Giacomo, al que se le terminaría dando el apodo de Salai por el famoso moro Saladino, era un chiquillo muy guapo, de pelo ensortijado y ojos grandes. En ciertos momentos se dedicó a pintar, y fue modelo de su protector en diferentes ocasiones.

La relación que se dio entre Leonardo y Salai, según nuestra modesta opinión, fue la de un padre con un hijo díscolo. Hemos de tener en cuenta que éste era un raterillo, que cometía unos delitos menores fáciles de disculpar por quien le quería paternalmente. Es posible que el genio de Vinci recordase su infancia y, ¿por qué no?, acostumbrado a domesticar a algunos de los animales que encontraba, se dijo que también podía hacer lo mismo con un crío rebelde. La verdad es que lo consiguió a medias: Salai aceptó trabajar en el taller de su protector y terminó aprendiendo el oficio hasta un discreto nivel; pero siempre fue incapaz de mantener la mano quieta cuando veía unas monedas delante. Esto lo sabemos porque Leonardo siguió anotándolo en sus diarios: unas veces un pedazo de cuero para unas botas, otras un punzón de plata y las más monedas e infinidad de objetos de no excesivo valor.

Ante la contumacia en el delito hemos de aceptar que la paciencia de Leonardo resulta muy exagerada. Claro que en las cosas de los afectos se dan unas relaciones de lo más singulares.

La muerte de Lorenzo "el Magnífico"

Ludovico "el Moro" se había casado, al fin, con Beatriz, a la que no amaba demasiado y pegaba con exceso. Toda la corte terminó por considerar normal esta conducta. La joven esposa toleraba el comportamiento de su marido, acaso porque era algo masoquista. Lo que llevaba peor hemos de verlo en que Isabel de Aragón y Gian-Galezzo ocupasen las mejores estancias de palacio, por eso humillaba a su pareja.

Lo que estaba sucediendo en Milán terminó por conocerse en toda Italia, con lo que empezaron a enfriarse las alianzas. En ciertos momentos se produjeron conatos de guerra, que Lorenzo de Médicis, llamado "el Magnífico", se cuidó de frenar.

Infortunadamente, a comienzos de 1492 falleció este pacificador. Europa entera se conmocionó al haber perdido a uno de sus mejores hombres; y en muchas cancillerías se comenzó a pensar que ya nadie podría evitar la guerra. En efecto, el sucesor de Lorenzo fue Pietro de Médicis, un personaje tan ambicioso que en seguida decidió conquistar los territorios próximos a la Alta Toscana.

Como nada de lo que sucedía en las cortes era secreto, al encontrarse en todas ellas infinidad de espías, comenzaron a firmarse nuevas alianzas ante la posibilidad de que se iniciara la guerra. Ésta tardaría unos años en producirse; y la comenzaría el rey de Francia al entrar en Italia con sus ejércitos y llegar hasta Roma, donde pensaba destituir al Papa y terminó besándole las zapatillas.

La misteriosa Caterina

En medio de tanta agitación política, Leonardo ya había concluido el cuadro "La Virgen de las Rocas" y se estaba dedicando a una serie de investigaciones bastante sorprendentes. Después de examinar los fósiles de las montañas próximas a Milán, llegó a la acertada conclusión de que el valle del Po había estaba cubierto muchos siglos atrás por el mar.

Al explicar estos temas a sus alumnos comparaba la Naturaleza con un organismo vivo, poseedor de un alma vegetativa, "cuya carne hemos de verla en el suelo, los huesos son los estratos que se han agregado a las rocas, las cuales al desarrollarse forman las montañas, y sus tendones son las tobas. Las venas del agua hemos de considerarlas su sangre."

Leonardo estaba cumpliendo el papel de sus grandes maestros, sobre todo el de Verrocchio, al que nunca pudo olvidar porque fue el que más le enseñó. Por aquellos tiempos eran seis personas las que vivían en el hogar del genio de Vinci: el ladronzuelo Salai, Boltrafio, Marco, una criada, el mismo maestro y... ¡Caterina!

¿Quién pudo ser esta Caterina? Por los diarios de Leonardo sabemos que entró en la casa el 16 de julio de 1493; y que la pagaba un sueldo. Algunos historiadores han pretendido ver en esta mujer a la madre del genio de Verdi, la cual había querido terminar sus últimos años junto a su hijo. Podría ser cierta esta teoría, debido a que ella falleció dos años más tarde. Y su entierro fue de primera, es decir, Leonardo se cuidó de que recibiera el mejor trato "que mujer alguna pueda merecer".

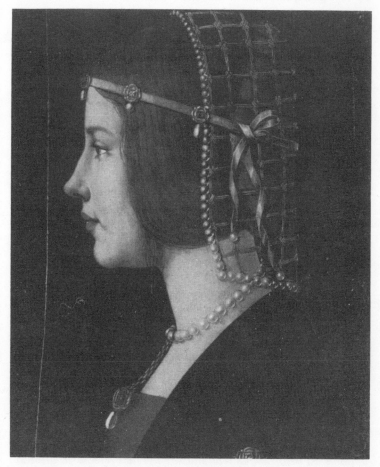

"Retrato de dama" o "La dama de la redecilla". (Pinacoteca ambrosiana. Milán.)

Quienes opinan que sólo se trató de una criada, se apoyan en la bien demostrada generosidad de Leonardo. De una u otra manera, de esta Caterina se sabe muy poco; y dado que no ha quedado constancia de la muerte de la verdadera madre de Leonardo, caben todas las conjeturas.

La leyenda que rodea a una gran pintura

Una de las pinturas más famosas de Leonardo es "La Santa cena". Para dar una clara idea de lo que representó en su tiempo podemos recurrir a J. B. Giraldi, que en 1554 publicó este texto:

Cualquier poeta dramático debería seguir el ejemplo del famoso Leonardo da Vinci. Este gran pintor, cuando debía de introducir algún personaje en uno de sus cuadros, comprobaba primero la calidad del mismo: si convenía que fuera de tipo noble o vulgar, de humor alegre o severo; que mostrase un instante de inquietud o de serenidad; que fuere joven o anciano, justo o malévolo. Después de haber contestado a estas preguntas por medio de meditaciones prolongadas, se dirigía a los lugares de ordinario frecuentados por gente de carácter similar. Observaba atentamente sus movimientos habituales, su fisonomía, el conjunto de sus modales. Y cada vez que descubría el menor rasgo que pudiera servir a su finalidad, lo dibujaba en el cuaderno que siempre llevaba consigo. Cuando, tras muchas correrías, creía haber recogido bastante materiales, decidía al fin empuñar los pinceles.

Mi padre, hombre que sentía gran curiosidad por esa clase de detalles, me ha contado mil veces que Leonardo utilizó sobre todo ese método para su famoso cuadro de Milán.

El Vinci había concluido ya el Cristo y los once apóstoles; pero de Judas sólo había hecho el cuerpo, y la obra no adelantaba. El prior, impacientándose al ver su refectorio atestado con todos los pertrechos de la pintura, se fue a quejar al duque Ludovico, quien pagaba muy noblemente a Leonardo por su obra. El duque hizo llamar a Leonardo, y le dijo que le extrañaba tanto retraso. El Vinci le contestó que él, a su vez, se extrañaba al oír a Su Excelencia, pues la verdad era que no pasaba día sin que trabajara dos horas enteras en dicho cuadro.

Los frailes insistieron y el duque les transmitió la respuesta de Leonardo: "Señor -dijo entonces el abad-, únicamente falta una cabeza, la de Judas; pero lleva ya más de un año que, no sólo no ha tocado el cuadro, sino que ni siquiera ha venido a verlo una sola vez". El duque, presa de irritación, llamó de nuevo a Leonardo. "¿Acaso los padres saben pintar?" -contestó éste-. Dicen bien, mucho hace que no he puesto los pies en su convento; pero yerran cuando dicen que no dedico todos los días por lo menos dos horas a esta obra." "¿Y cómo es eso, si no vas por allí?" "Sepa Vuestra Excelencia que sólo me falta por hacer la cabeza de Judas, quien fue aquel tremendo bribón que todo el mundo sabe. Conviene, pues, darle una fisonomía que concuerde con tanta maldad: con ese objeto, ya llevo un año, y quizá más, yendo cada día, en la mañana y en la tarde, al Borghetto, donde, cual sabe Vuestra Excelencia, vive toda la hez de su capital; pero todavía no he logrado dar con un rostro de bribón que responda a lo que llevo en la mente. Tan pronto dé con ese rostro, en un día termino el cuadro. Ahora bien, si a la postre de mi búsqueda resulta inútil, tomaré los rasgos de ese padre prior que se viene a quejar de mí a Vuestra Excelencia y que, además, corresponde maravillosamente a lo que deseo. Pero, desde hace tiempo, vaciló en ponerlo en ridículo en su propio convento."

El duque se echó a reír, y al ver con que profundidad de pensamiento componía el Vinci sus obras, comprendió por qué su cuadro ya causaba tamaña admiración. Al poco tiempo, Leonardo se tropezó con una figura tal como la quería; dibujó en seguida sus rasgos principales, y éstos, sumados a cuantos ya tenía recogidos durante un año, le permitieron terminar rápidamente el fresco.

Hasta aquí la leyenda, a la que hemos de añadir, a pesar de que se pueda entender, que el rostro de Judas fue el del prior. A parte de esta anécdota, nos encontramos ante una obra magistral, que acaso se encuentre entre las cinco pinturas más importantes del mundo. Un mérito que se ha ganado más por lo que han contado de ella quienes la vieron cuando ofrecía todo su colorido. Baste decir que en el momento que Francisco I, rey de Francia, la contempló quedó tan impresionado que quiso comprarla. Sin embargo, al ser un fresco se hallaba unida a una pared, y los técnicos no encontraron la forma de cortarla sin que se desprendieran los ladrillos, la argamasa o los otros materiales.

Con el paso de los años, ese refectorio fue convertido en caballeriza. Las defecaciones de las bestias, la paja, el agua y tantas otras materias en putrefacción fueron generando unos vapores que terminaron por deteriorar la pintura. Por este motivo hoy la encontramos en un estado tan calamitoso. Conviene resaltar que se ha intentado restaurar en varias ocasiones, y por este motivo todavía sigue en el muro original. Quizá sin tanto esfuerzo no quedase ni una sombra de la misma.

La realidad de una obra maestra

"La Santa Cena" fue encargada por Ludovico "el Moro" para el refectorio de Santa María delle Grazie. Leonardo tardó tres años en realizarla. Y de nuevo nos encontramos con una obra incompleta, porque el autor no se atrevió a dar una expresión definitiva a Jesús al considerar "que no existía hombre en el mundo capaz de reflejar la calidad divina de Cristo". Pero dejó una cara que, dentro de su aspecto no definitivo, ofrece la grandeza del Hombre que se halla por encima de todas las pasiones humanas.

Porque lo que el fresco pretende reflejar es aquel momento tan inquietante en el que Jesús anunció: "Uno de vosotros me traicionará." Entonces se produjo una conmoción entre todos los apóstoles, que Leonardo retuvo. Las manos se agitan: Pedro se atreve a empuñar un cuchillo, Judas aprieta la bolsa llena con las monedas de su delito, un dedo de Tomas se alza interrogador, Mateo, Simón y Tadeo buscan una respuesta, alguien derrama una copa...

Detalle de "La Santa Cena". (Santa María delle Grazie. Milán.)

La inquietud se muestra además en los rostros, en los cuerpos y en todo el conjunto. Un drama que el espectador capta a la perfección, debido a la soberbia perspectiva del fresco: un gran cuadro central y dos pequeños en los extremos, para que las líneas diagonales y perpendiculares se encuentren en el centro, precisamente en el rostro de Jesús. Con este procedimiento totalmente geométrico, la perspectiva logra que al contemplar el motivo central, Jesús, se ve todo el conjunto.

A este golpe de magia se llega porque el punto de fuga coincide con el ojo del espectador. Le introduce en la pintura, para que no pierda ni uno solo de sus detalles. He aquí el triunfo de un artista genial que, al igual que el mago más honesto, conocía todos los recursos para fascinar sin trucos. Lo que deseaba contar se halla en el fresco, y lo ofrece a la gente, al mundo y a la inmortalidad, para que lo deguste con todos sus sentidos, especialmente con el "sentido común".

Por algo Leonardo afirmaba que los seres humanos disponemos de cinco sentidos; y de un sexto, el sentido común, que se encarga de aprovechar de la forma más conveniente y racional todos los otros.

Una versión creíble sobre el rostro de Jesús

En su "Tratado de la Pintura", Lomazzo escribió lo siguiente:

Cuando Leonardo se sentaba para trabajar en un cuadro, parecía en verdad trabado por el miedo. Por esto no lograba terminar nada de lo que empezaba. Su alma se hallaba demasiado henchida de la sublimidad del arte. Y él tenía capacidad sobrada para advertir defectos, en pinturas tenidas por otros por creaciones milagrosas.

Pero ese "asombroso pintor" les infundió tal belleza y majestad a Santiago el Mayor y a su hermano, en el cuadro de "La Santa Cena", que, al tener después que representar a Cristo, no pudo elevarlo al grado de belleza sublime que era de desear.

Después de mucho pensarlo, le fue a pedir consejo a su amigo Bernardo Zenale, quien le respondió de esta guisa:

"¡Ay! Leonardo, es de tal monta el error que has cometido, que sólo Dios lo puede remediar: pues ni tú, ni mortal ninguno, tienen facultades para revestir un personaje de mayor belleza, y aspecto más divino, cual tú hiciste para las cabezas de Santiago el Mayor y de su hermano. Deja, pues, el Cristo imperfecto, ya que nunca lograrás que, junto a esos dos apóstoles, aparezca como Cristo."

Y Leonardo siguió este consejo, cual puede verse hoy, no obstante lo arruinada que está la pintura.

¿Cómo sería realmente la pintura en el mismo instante que Leonardo consideró que ya estaba acabada?

Los mejores años de Ludovico "el Moro"

Cuando Ludovico "el Moro" fue informado de que Leonardo había finalizado "La Santa Cena" se llenó de júbilo. Corrió a contemplarla y, después, ordenó que se celebraran fiestas en honor de la "pintura más sublime que Milán había conocido".

Grande debió ser su impresión, ya que no le importó que este fresco resultara muy superior al retrato de su familia que guardaba en su refectorio. Vasari nos cuenta que el genio de Vinci pintó al duque, a Beatriz y a los dos hijos, Maximiliano y Francesco. Califica la obra de extraordinaria. Lo lamentable es que se haya perdido.

Durante los años siguientes, "el Moro" gozó de sus mejores años. Su ducado se hallaba en paz, percibía muy altos ingresos y se sentía protegido por su parentesco con el emperador Maximiliano. Como siempre hay sombras en la vida de cualquier hombre, podemos indicar que éstas provenían de las veladas críticas del Papa Alejandro VI y de su Señoría de Venecia.

La muerte de dos grandes damas

Ludovico "el Moro" llevaba mucho tiempo jugando con fuego. Sus intrigas políticas, unido al hecho de que estuviera ocupando un ducado que no le pertenecía, le rodeaban de grandes enemigos. Al contar con firmes alianzas, pudo ir viviendo cómodamente. Su situación empezó a cambiar a partir del 23 de noviembre de 1496, porque acaba de morir su hija Bianca Sforza, que sólo contaba quince años y estaba casada con Galeas Sanseverino. Fue enterrada en Santa María de las Gracias.

Cuarenta días más tarde, el 2 de enero de 1497, Beatrice de Este pasó demasiado tiempo rezando junto a la tumba de la amiga. Aquella misma noche, mientras bailaba en sus aposentos, le llegaron los dolores de parto. Se hallaba embarazada de siete meses. El niño nació muerto; y una hora y media después ella fallecía. Nadie pudo creerlo.

Su esposo quedó sumido en tal estado de postración, que en nada le aliviaron las largas exequias que la ciudad de Milán dedicó a su mujer. Porque la pérdida de una dama tan bella, delicada y querida por todos se consideraba de lo más injusta.

De pronto, Isabel de Aragón pudo intervenir como la primera dama. Llevaba varios años esperando una ocasión como ésta. Hizo valer los derechos legítimos de su hijo como el verdadero duque de la ciudad; y Ludovico intentó apartarla de su lado. Cuando la suerte ya estaba echada.

CAPÍTULO VIII

TIEMPOS DE GRAN CONFUSIÓN

La huida de Ludovico

El 7 de abril de 1498, murió Carlos VIII, el rey de Francia. Un mes después, su sucesor Luis XII, declaró la guerra a Ludovico "el Moro", porque se consideraba con derecho a obtener el ducado de Milán por ser descendiente de Valentina Visconti, la hija del primer duque de esta ciudad.

A las pocas semanas los ejércitos franceses cruzaron los Alpes, para conquistar las guarniciones de Arazzo y Anone, que arrasaron sin ningún tipo de piedad. Poco más tarde se rindió Galeazzo San Severino, para terminar uniéndose a los invasores. Aquello significó el golpe definitivo. Milán había dejado de pertenecer a Ludovico.

Ante tan amarga experiencia, éste debió huir con su séquito de damas, cortesanos, criados y todo su tesoro. Y le faltaban pocas horas para atravesar la frontera, cuando le llegaron noticias de que Bernardino de Corte acababa de entregar el Castillo a los franceses sin disparar ni un solo tiro.

Pocos días más tarde, entraban en la ciudad de Milán las tropas del rey de Francia. Y el mariscal Tribulzio tomó posesión de la misma. Mientras se esperaba la llegada de Luis XII, se encargó a Leonardo la organización de los festejos de recibimiento.

Gracias a los cuadernos del genio de Vinci, podemos saber que había previsto la caída de Ludovico. Se consideraba un artista universal, por lo que se hallaba fuera de todo conflicto político.

No creemos que se hallara presente en el momento de la triunfal entrada del soberano galo. El pueblo milanés le saludó como "su salvador" y el "verdadero duque de la ciudad". Rodeaban al rey notables personajes de la iglesia, como los cardenales D'Amboise, Julián de la Rovere (próximo Papa Julio II) y Juan Borgia, sobrino del Papa Alejandro VI. También iban en el grupo los Duques de Saboya y Ferrara y, destacando sobre todos éstos, el cuñado de Luis XII: César Borgia, duque Valentino e hijo del Papa Alejandro VI.

Multitud de ocupaciones

En los últimos años que Leonardo permaneció en Milán no le importó realizar trabajos menores, aunque saliendo de él siempre deberíamos considerarlos grandes. Lo que sucede es que cuando a los seres humanos se nos proporcionan obras estelares, como "La Santa Cena", todo lo que no llegue a esta altura nos despierta una cierta insatisfacción, aunque después comprendamos que el genio se halla en su derecho de realizar lo que más le convenga.

Le pertenecen los adornos de la bóveda de la "sala delle Asse", que pertenecía al castillo de Milán. Realizó una celosía trenzada por medio de las ramas de unos árboles frondosos y pámpanos, con lo que creo la sensación de encontrarse bajo la bóveda de un bosque que estuviera recibiendo la luz solar desde abajo y no desde arriba. Todo un ejercicio de fantasía, en el que los investigadores han querido ver representada la complicada personalidad de Ludovico "el Moro".

No dejó de dedicarse a las matemáticas, animado por el fraile franciscano Luca Pacioli. Este profesor amaba las bellas artes, era codicioso y no le importaba atribuirse las obras de otros. Vasari le acusa de haber robado las ideas del ciego Piero della Francesca. En su libro *De divina proportione* ("Sobre la divina proporción") no deja de elogiar la obra de su amigo Leonardo, el cual dibujó varias ilustraciones para esta obra: unos poliedros perforados con una habilidad muy sugerente, ya que encerraban un mensaje mágico-místico.

Se cree que Pacioli ayudó a que el genio de Vinci descubriese las proporciones del cuerpo humano. Y una vez que éste lo consiguió, pudo escribir:

"Estudio de las proporciones del cuerpo humano". (Galería de la Academia. Venecia.)

"No hay estudio del hombre que merezca llamarse ciencia si no se basa en la demostración y argumentación matemática."

Convencido de este principio, pronunció una afirmación bastante agresiva y discutible:

"Que nadie se atreva a adentrarse en los fundamentos de mi obra si no es matemático."

Más adelante suavizó el razonamiento:

"La proporción no sólo se encuentra en los números y medidas, sino también en los sonidos, en el paisaje, en la noción del tiempo, en el movimiento y, en general, en cualquier tipo de efecto."

El canon de la figura humana creado por Leonardo fue aceptado por todos los artistas. Durero lo reconoció con estas palabras: "El maestro florentino convirtió la práctica pura y simple en un sistema científico." Y como tal debía ser utilizado en las academias de dibujo y pintura de todo el mundo. ¿Quién no recuerda la figura del hombre desnudo que extiende los brazos y junta las piernas, mientras "su doble" realiza una prolongación más intensa de las cuatro extremidades?

En sus "Cuadernos de Anatomía", Leonardo incluyó esta nota irónica:

"Dejo la definición del alma a la inteligencia de los frailes, padres del pueblo, que conocen todos los secretos por inspiración. Abandono a un lado las "letras coronadas", porque ellas son la suprema verdad."

Una manera de razonar muy similar a la que aparece en otro de sus escritos, el llamado "Códice Atlántico", cuando equipara la originalidad de los inventores y de los intérpretes directos de la Naturaleza, con las relaciones mecánicas de los "recitadores y declamadores de las obras de otros". Se produce la misma diferencia, según él, "que se da entre el objeto y su reflejo en un espejo. El primero existe en realidad y por sí mismo, el segundo carece de realidad. Gente poco obligada a la Naturaleza, porque se halla revestida de un aspecto accidental, sin el cual se les podría confundir con un rebaño de animales".

Los comienzos del "Tratado de la pintura"

Leonardo fue un maestro con el compás y la escuadra, dos elementos claves para trazar figuras geométricas. Mientras iba completando sus cuadernos de notas, a pesar de escribir "al revés" porque seguía queriendo encerrar sus textos en el misterio, estamos convencidos de que deseaba que terminaran por ser conocidos.

Cuando empezó su "Tratado de la pintura", se advierte que no se dirigía a sí mismo, como puede hacer quien redacta sus memorias. Y de esta manera mostró lo que opinaba de la pintura:

"No se deja moldear como la escultura, cuyo mérito consiste en que el vaciado iguale al original. Tampoco engendra una caterva de hijos como los libros impresos, sino que permanece completamente solitaria, aislada y elegante en sí misma... El pintor es dueño de gentes de todo tipo y de todas las cosas. Lo suyo es un dominio absoluto de la creación... El escultor, al contrario, es un artista inferior, que lleva el rostro completamente manchado, cubierto por el polvo del mármol, hasta el punto de parecer un panadero, y el cuerpo todo tapado por ínfimas esquirlas, igual que si hubiera nevado sobre su espalda... Sin embargo, el pintor se sienta cómodamente ante su obra, bien vestido, y mueve con un ligero pincel los fascinantes colores. Se adorna con ropas de su gusto y su casa se halla abarrotada de pinturas agradables y resplandeciente de limpieza. En ocasiones recibe visitas..."

Se comprende que Leonardo debió cambiar de opinión, en lo que se refiere a los escultores, cuando años más tarde conoció a Miguel Ángel. Su comentario debía referirse a Verrocchio y a otros, que siendo unos grandes profesionales, capaces de dar forma a unas obras bellísimas, no llegaban a los niveles de la genialidad.

El "Tratado de la pintura" se iba a componer de diez libros; sin embargo, como en todo lo que Leonardo planificaba, la obra quedó incompleta. En el siglo XVII fue impresa por primera vez, para que el mundo entero descubriese al más grande de los maestros de las bellas artes.

¿Existía algo ante lo que su mente se detuviera?

¡Fructíferos años los últimos que Leonardo vivió en Milán! Ya lo habían sido para la pintura, las matemáticas, la arquitectura y las ciencias. En este último campo, se entregó a la construcción de lentes y gafas. Antes había estudiado la luz y la óptica. Veamos uno de sus razonamientos, con los que casi se anticipó a la fotografía:

"El experimento siguiente demuestra cómo los objetos transmiten sus imágenes o grabados entrecruzándose en el humor cristalino del ojo.

"Esto aparece cuando las imágenes de objetos iluminados penetran en una cámara muy oscura por un pequeño agujero redondo. Si hacemos que estas imágenes las reciba un papel blanco colocado en esta cámara oscura más bien próxima al agujero, veremos todos los objetos en el papel con sus formas y colores propios, pero mucho más pequeños y vueltos al revés debido a la intersección. Estas imágenes, al ser transmitidas de un lugar iluminado por el sol, parecerán como si estuvieran pintadas en el papel, que debe ser sumamente delgado y visto desde atrás. La pequeña perforación tiene que hacerse en una placa de acero muy delgada.

"Supongamos que ABCDE son los objetos iluminados por el sol, y OR el frente de la cámara oscura donde está el orificio NM. Imaginemos que ST es el papel que capta los rayos de las imágenes de estos objetos y los vuelve al revés, porque al ser los rayos rectos, A en el lado derecho se convierte en K en el izquierdo y E del izquierdo se transforma en F en el derecho. Lo mismo ocurre en el interior de la pupila.

"La necesidad ha dispuesto que todas las imágenes de objetos situados delante del ojo se corten en dos planos. Una de estas intersecciones tiene lugar en la pupila; la otra, en el cristalino. De no ser esto así, el ojo no podría ver un número tan grande de objetos como de hecho contempla...

"Ninguna imagen, incluso la del más pequeño objeto, entra en el ojo sin ser vuelta al revés, pero cuando penetra en el cristalino es nuevamente cambiada en sentido contrario, y así la imagen vuelve a la misma posición dentro del ojo como la del objeto que se encuentra fuera."

"Madona Litta". (Ermitage. San Petersburgo.)

Después de leer un texto tan acertado, que data del año 1488, se nos ocurre preguntar: ¿Existía algo ante lo que la mente de Leonardo se detuviera? Estamos convencidos que lo que dejó sin investigar se debió a la falta de tiempo. Era una ser humano que envejecía y que, como todos, terminaría por fallecer.

Los dos ejércitos llevaban mercenarios suizos

Al cabo de unos meses, los habitantes de Lombardía se dieron cuenta de que si Ludovico "el Moro" era un tirano, los franceses no le iban a la zaga. Estaban pagando mayores impuestos, los soldados extranjeros abusaban de las mujeres, sin importarles si eran solteras y casadas, las costumbres italianas estaban siendo despreciadas y no dejaban de cometerse cientos de injusticias, igual que si los civiles se vieran sometidos a las "leyes del pillaje que se atribuyen quienes no han recibido el botín que creían merecer".

La ocasión parecía favorable para el regreso de Ludovico. Se encontraba en la frontera suiza cuando fue informado de la situación. Creía disponer del dinero suficiente; y contrató a un numeroso ejército de soldados profesionales: ocho mil de infantería y quinientos de caballería. Todos ellos bien equipados con el armamento más moderno, con las pagas anticipadas y garantizada una abundante intendencia.

Esta fuerza entró en Lombardía el 4 de febrero de 1500. En pocas semanas Milán, Parma, Pavía y Novara le abrieron las puertas como su salvador. Así es la historia: el pueblo siempre desea que alguien le libere de la injusticia, sin querer pensar que para salvarse de un lobo fueron a encontrarse con otro peor.

Al enterarse Luis XII de lo que estaba sucediendo, dio órdenes al mejor de sus generales, Luis de la Trémouille, que se adelantará con el ejército para detener a los rebeldes. A principios de abril se produjo el enfrentamiento... ¡verbal!

En los dos bandos había una importante cantidad de soldados suizos, ya que sabemos que uno de ellos materialmente se hallaba compuesto de esta milicia, y al verse decidieron no levantar las armas contra sus compatriotas. Además, como a los que apoyaban a Ludovico se les prometió doblarles la paga, se pasaron al "enemigo" con armas y todo el equipo.

A los pocos días, "el Moro" y sus aliados fueron detenidos. No tardarían en ser llevados a Francia, después de exhibirlos ante Luis XII.

Una fábula cargada de enigmas

Los ejércitos franceses estaban compuestos, en un gran número, por tropas mercenarias acostumbrados a abusar de las mujeres y de los más humildes. En Milán no pudieron exigir un "botín de conquista", debido a que la ciudad había aceptado el cambio de gobierno sin combatir.

Todas las denuncias que se presentaban ante las autoridades eran desestimadas, o se convertían en simples papeles que nadie atendía. Frente a esta situación, se corrió la voz de que el gran Leonardo iba a marcharse. Sobre este asunto, Giovanni Boltraffio, uno de sus alumnos, le preguntó directamente; y fue contestado con una fábula:

-Había sobre un promontorio una piedra desnuda y pulida. Cerca había un espléndido bosquecillo, que era atravesado por un sendero lleno de flores. La bien instalada sintió envidia de las piedrecillas que sembraban los suelos próximos. Y en su deseo de mezclarse con ellas, para verse junto a tan hermosas flores, comenzó a rodar pendiente abajo, hasta que consiguió llegar al paraje que deseaba.

"De pronto, sintió sobre ella el peso de las herraduras de los caballos y los zapatones de los campesinos. Quedó tan magullada y cubierta de barro, que un ganapán la dio una patada, para dejarla en medio del polvo de los hormigueros y el musgo reseco.

"Inútilmente la piedra lamentaba no encontrarse en el promontorio, que voluntariamente había abandonado. Echaba en falta la tranquilidad de quien carece de enemigos y obstáculos naturales.

"Lo mismo sucede con los hombres, que hastiados de la vida contemplativa se lanzan a la incontrolada existencia aventurera en los grandes núcleos de población."

Hemos de comprender que Giovanni no pudo entender la fábula, debido a que encerraba un enigma. Esa piedra era el propio Leonardo, que en aquellos momentos se enfrentaba a la duda de abandonar Milán para marchar a lo desconocido. También podía referirse a ese destino que le había obligado a dejar Vinci al ser acusado de "joven mago", a salir de Florencia en el momento que se sintió incomprendido y que, en aquellos momentos, parecía empujarle a dejar Milán, debido que su colosal Caballo de yeso acababa de ser destrozado por la zafia soldadesca.

Aquellos ignorantes convirtieron la estatua en la diana de sus saetas. Y la hubieran destruido del todo de no intervenir uno de sus generales, que al amar el arte sintió aquello como una profanación y castigó severamente a los responsables.

CAPÍTULO IX

"DE TODOS Y DE NINGUNA PARTE"

En Venecia no había pobres

Leonardo había cumplido cuarenta y ocho años cuando dejó Milán, pasó una corta temporada en Mantua y llegó a la Serenísima República de Venecia. Allí se disfrutaba de tanta riqueza que no había pobres. En medio de sus canales, admirando sus espléndidos palacios e iglesias, cualquier visitante, más si era un hombre inteligente, caía en la cuenta de que no se hallaba en Italia. Aquella ciudad se parecía más a las orientales, como Bizancio, sin dejar de ofrecer grandes influencias de lo europeo. Toda una mezcolanza que provocaba la admiración y, al mismo tiempo, desconcertaba.

Las autoridades al ser informadas de la presencia de tan famoso artista, le invitaron a mantener una entrevista. Después fue contratado como ingeniero, para que comprobase las defensas de la ciudad ante un inminente ataque de los turcos, ya que éstos se encontraban en Friul y no dejaban de navegar frente a las costas dálmatas.

Pocas semanas más tarde, nada más examinar la situación de Gorlizio y del río Isonzo, Leonardo ideó un fabuloso sistema de esclusas móviles o soportes dentados para inundar voluntariamente toda la zona. Esto impediría la invasión:

"Ilustres señores: habiendo yo averiguado que los turcos tienen todas las posibilidades de entrar por cualquier parte de tierra firme en nuestra patria, conviene detenerlos en el río Isonzo... Aunque considero imposible preparar un medio de larga duración, no me cansaré de decir que pocos hombres, con la ayuda de semejante río, valen por muchos... He juzgado que no se puede realizar una barrera en ningún otro sitio que sea tan valiosa como el que ofrece dicho río... Utilizaré un frente dentado y movible, construido de madera para aprovechar la fuerza de la corriente, debido a que ésta adquiere una gran velocidad en su descenso. Esto permitirá que mi aparato funcione con mayor rapidez y, lo mejor, ayudará a que los diques sean más bajos. Así impediremos que el agua llegue a los bosques cercanos y derribe los árboles..."

Un sistema parecido sería empleado dos siglos más tarde por los holandeses para detener a las tropas francesas de Luis XIV. Sin embargo, el Consejo Veneciano de los Diez lo rechazó, porque lo consideró arriesgado y, sobre todo, excesivamente costoso. Una decisión que provocó en Leonardo este irónico comentario:

"Los venecianos se jactan de que pueden permitirse el lujo de gastar treinta y seis millones en oro durante una guerra de diez años con el emperador, la Iglesia, el Rey de España y el de Francia: total, trescientos mil ducados al mes.

Unos "buzos" contra los turcos

Es posible que por aquellas fechas Leonardo inventase el traje de buzo, con el fin de que se pudieran sabotear los barcos enemigos sin ser vistos por los vigilantes. La idea vino forzada por el hecho de que el sultán Bayaceto II se negaba a devolver los prisioneros que los turcos habían hecho en la batalla de Lepanto.

En el Códice Atlántico dejó Leonardo el testimonio de su invento. Los ingenios que permitirían a los "buzos" respirar sumergidos serían un saco lleno de aire, al que se añadiría un círculo de hierro para mantenerlo separado del pecho. Esto acompañaría a una coraza del tipo capuchón, un chaleco, unas calzas pesadas y un odre para los orines. Todo los detalles aparecen minuciosamente descritos. Por eso sabemos que el "buzo" llevaría un cuchillo para cortar redes y un taladro, inventado por Leonardo, para abrir vías de agua en los cascos de las embarcaciones.

112

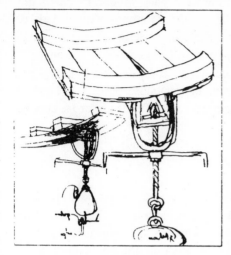

(A la izquierda) Diseño de taladros para hundir los barcos enemigos. (Codex Atlanticus.) (A la derecha) Ingenio para que pudiesen respirar los buzos. (Codex Atlanticus.)

Actualmente, se considera muy válido el proyecto, a pesar de que nunca se llegó a realizar. Por otra parte, a su inventor terminaría por remorderle la conciencia, ya que decidió mantenerlo en secreto ante el temor de que los hombres "movidos por sus malas inclinaciones, lo utilicen para asesinar en el fondo de los mares, al destruir las naves y echarlas a pique, junto con los tripulantes que en las mismas se encuentren."

Más ingenios para la guerra naval

Son muchos los ingenios para la guerra naval que Leonardo diseñó en aquellos meses de gran actividad. Uno de ellos fueron unos barcos-bomba, que se debían llenar de pólvora y astillas, para que estallaran en el momento de ser encendidos. También ideó unos botes provistos de un espolón y una enorme palanca, que terminarían fijándose junto a la línea de flotación de los navíos enemigos con el fin de cortar las cuerdas de amarre de éstos.

Una tercera idea provino de su estudio de las técnicas de los buscadores de perlas de la India. En las páginas de uno de sus diarios se puede leer:

"Este artilugio se emplea en el mar de las Indias para subir las perlas a la superficie. Se construye de cuero con abundantes abrazaderas para que el mar no lo cierre (o lo que es lo mismo, para que la presión del agua no aplaste el tubo). En la superficie espera un acompañante sobre una barca. El buceador saca las perlas y los corales, equipado con unas lentes y un peto erizado de púas. Esta especie de coraza le sirve de protección frente a los peces y los grandes pulpos."

Diseñó unos caparazones para nadar, que debían ser utilizados en un ataque naval. Podríamos considerarlos una especie de "submarinos individuales, que disponían de un cierre hermético, un tubo de cuero que se obturaba por medio de una tapa, chalecos salvavidas y unos petos blindados con mallas de hierro". Esto permitía luchar cuerpo a cuerpo en el agua.

Por sus escritos, sabemos que contó con dos ayudantes mecánicos, llamados De Georg y Johannes, que en algunos casos se atribuían los inventos o se encargaban de divulgarlos. Sin embargo, Leonardo volvería a solicitar sus servicios cuando llegó a Roma.

El Consejo de los Diez continuó sin apoyar estas ideas, aunque fue bastante generoso en los sueldos que pagó al genio de Florencia. En los documentos que se han podido recuperar de este periodo veneciano no constan las actividades de Leonardo, excepto su estudio sobre las esclusas movibles. De todo lo demás nada sabríamos. Por fortuna quedó registrado en los cuadernos del genio de Vinci.

Aquellos importantes personajes "venecianos"

Leonardo gozaba de tanto prestigio en toda Europa, que hemos de considerar normal que muchos importantes personajes quisieran relacionarse con él. En Venecia trató con Paolo di Vanozzo de Siena, con Alvise Salamón, que era un capitán de galeras y había luchado contra los turcos, con el canónigo Pier Pagolo da Como, con el alguacil mayor Stéfano Ghisi y con otros muchos.

La mayoría le ayudaron en sus proyectos, sirvieron como embajadores ante las autoridades o, simplemente, le permitieron mantener unas conversaciones muy animadas. A todos ellos les atraían las cuestiones filosóficas.

Antes de abandonar la ciudad de los canales, el genio de Vinci pudo saber que Ludovico "el Moro" había sido detenido en Novara, después de encontrarse abandonado por todos sus partidarios. Lo más ofensivo es que se le introdujo en una jaula, dándole el trato de una bestia muy peligrosa

La Florencia de Savonarola

Nada más cruzar los Apeninos, Leonardo llegó a la Alta Toscana, su tierra natal. Las llanuras, los montes, los ríos y los valles eran los mismos: torrentes de recuerdos, exploraciones que no por realizadas dejaban de invitar a repetirlas. Sin embargo, las gentes habían cambiado. Los que llegaban a reconocerle le hablaban con un tono receloso; y no lo hacían porque le temieran. El enemigo era peor: el fanatismo religioso de Savonarola.

Este tétrico personaje, la inquisición representada por un monje despiadado, había dividido a la población en dos grupos antagónicos: los fundamentalistas y los desesperados. Los primeros terminaron por arrojar a los Médicis de sus dominios ancestrales, con el absurdo propósito de entregar la autoridad a la Virgen María y a Jesucristo. Toda una dictadura sobre un pueblo que había sido el más libre de Italia.

Súbitamente, aquellos que predicaban la pureza de las costumbres, se vieron sin recursos ante la peste y una guerra contra Pisa. Y en este momento de debilidad, los desesperados buscaron el apoyo del Papa Alejandro VI, que se lo negó. Pero todo cambió al saber que Savonarola estaba pactando secretamente con el rey de Francia.

La Iglesia entera se arrojó sobre el fanático, exigiéndole su renuncia. Éste no quiso ceder, alegando que toda Florencia le apoyaba. Hasta que un fraile de Santa Croce, llamado Dominico da Pescia, le exigió que realizara un milagro ante el pueblo. Así se pudo contemplar el espectáculo más absurdo al que había asistido la ciudad de Florencia. Llegado el momento de que Savonarola debía caminar sobre unas brasas, para demostrar que "milagrosamente" no se quemaría, se produjeron tantas vacilaciones, con la lluvia incluida, que el profeta inquisidor fue detenido.

Terminaría siendo llevado a la hoguera, después de someterle a una parodia de juicio. Realmente el tribunal no dejó de actuar como los que el mismo Savonarola había organizado para condenar a tantos inocentes.

Debió pintar por necesidad

Leonardo parecía haberse alejado de la pintura porque le cansaba. Nada más llegar a Florencia pudo retirar un dinero, con el que estaban viviendo más sus ayudantes y criadas que él mismo. En el momento que se encontró con problemas económicos, debió recurrir a los servitas que se encargaban de la iglesia de la Annunziata para que le encargasen una pintura. Pero ya se había elegido a Filippino Lippi, aunque éste cedió el trabajo a su maestro nada más conocer la situación.

Unos problemas matemáticos vinieron a distraer al genio de Vinci, lo que a los frailes disgustó porque desconocían el comportamiento de quien era incapaz de concentrarse en una sola tarea. Después de una serie de recriminaciones, lograron que les entregase unos cartones con los dibujos de la futura pintura. Y al verlos quedaron tan asombrados, que en seguida corrieron a exponerlos en el claustro.

Reconocer a estas alturas que Leonardo era el mejor dibujante de su tiempo, y acaso de todos los tiempos, es algo que se ha podido comprender después de lo narrado hasta aquí. Millares de florentinos admiraron las figuras de santa Ana y de la Virgen como un anticipo de lo suponían iba a ser otra obra maestra del autor de "La Santa Cena".

Retrato de Isabel de Este (Louvre. París.)

Debemos entender que se sintieron muy disgustados al comprobar que el genio de Vinci no iniciaba el cuadro. Tardaría más de diez años en tomar el pincel para llevar a un lienzo ese cartón maravilloso.

Isabel de Este necesitaba al pintor

Isabel de Este había quedada tan impresionada con las pinturas de "La dama del armiño" o Cecilia Gailerani y del "Retrato de mujer" o Ginevra Benci que necesitaba a Leonardo. Necesitaba al pintor, y no al ingeniero, matemático, arquitecto, humanista, filósofo, músico, poeta, maestro de escena, etc. Por eso no dejaba de escribir a todos los lugares donde sabía que acababa de llegar. Y el 3 de enero de 1501 recibió esta carta del vicegeneral de los servitas:

"Voy a procurar congraciarme con el pintor de "La Santa Cena". Ya desde este momento puedo contarle que lleva una vida dispersa y muy insegura, hasta tal punto de que le falta dinero para subsistir cada día. Desde que se encuentra en Florencia, sólo ha realizado un boceto en un cartón. Este cartón representa a un Cristo Niño, de aproximadamente un año, el cual se inclina fuera de los brazos de su madre, en un impulso de ternura hacia un cordero, igual que si lo abrazara. A la vez la madre se alza sobre las rodillas de Santa Ana, para mejor sostener a su Hijo y separarle del cordero, que significa la Pasión. Por su parte, Santa Ana también se levanta un poco deseando sostener a su hijo, y este gesto significa, quizá, que la Iglesia no desea que se impida la realización de la Pasión de Cristo. A decir verdad, el boceto ni siquiera ha sido concluido. Leonardo no se dedica a ningún otro trabajo. De vez en cuando retoca los retratos que han sido confiados a sus discípulos. La pintura le impacienta en grado sumo. Ahora se halla entregado a la geometría."

Dos años más tarde, el mismo religioso escribió su vigésima carta a Isabel de Este:

"Esta semana amigos de Leonardo, sobre todo su discípulo Salai, me han comunicado su resolución de abandonar los pinceles, para dedicarse por entero a sus estudios matemáticos. El viernes de la Semana de Pasión, yo mismo fui a verle, para asegurarme con mayor precisión de sus intenciones. Es cierto, la pintura le repugna. Empero, con toda la diplomacia de que soy capaz, le he suplicado que acceda a los deseos de Vuestra Alteza, y cuando le he visto por fin dócil a nuestros anhelos, le he expuesto francamente vuestras condiciones. Y hemos quedado en los siguiente: va a procurar librarse de sus compromisos inmediatos con el rey de Francia, los cuales, por otra parte, no habían de entretenerle más de un mes, y se pondrá con mucho gusto a Vuestra disposición. En todo caso, pintará el retrato que le pedís, y se lo hará llegar a Vuestra Alteza. Acaba de finalizar un cuadrito adorable para Robertet, el favorito del rey de Francia. Esta pintura representa una Madona sentada que está hilando, mientras el Cristo niño, con un pie en el cestillo de las lanas, y sujetándolo por el asa, contempla con asombro cuatro rayos de luz que caen en forma de cruz. Sonriente y cándido, se apodera del huso, queriendo quitárselo a su madre..."

Se desconocen los compromisos que Leonardo tenía con el rey de Francia. Es cierto que trató con Robertet. Como en él era habitual, tardaría varios años en pintar el cuadro de Isabel de Este.

Vivía tiempos en los que pensaba en buscar un nuevo protector. Y había fijado sus ojos en César Borgia, para el que trabajaría preferentemente como ingeniero militar.

Joven, ambicioso y populista

César Borgia (este apellido era el Borja español) contaba veintisiete años, peinaba cabellos rubios, sus ojos negros fascinaban a los hombres y a las mujeres y su nariz y su boca ofrecían la nobleza del David bíblico. Sabedor de su belleza, la agrandaba con una barbita rubia que en ocasiones adquiría unas tonalidades rojizas.

Suya era una de las frases que mejor le definían: "Soy jinete madrugador que cabalga sobre monturas racionales e irracionales con los ojos bien despiertos." Quienes le conocían bien, sabía que tras su fachada de hombre dialogante, vividor y generoso se ocultaba un defecto imperdonable: la falta de piedad.

Se hallaba muy lejos del tirano clásico, porque su ambición era muy populista, acaso por entender que todo gobernante debe contar con el apoyo de las masas. Había comenzado haciéndose con el poder de varios estados vaticanos, como los de la Romaña. Una vez entraba en los castillos, su lema era "¡guerra a los poderosos, paz en las cabañas!"

Su ambición venía alimentada por el hecho de que su padre era el Papa Alejandro VI. Fue nombrado arzobispo a los dieciséis años. Cargo al que acababa de renunciar, porque soñaba con unificar Italia después de ir conquistando todos sus reinos, ducados y repúblicas. Cuando estableció contacto con Leonardo estaba planeando apoderarse de Florencia.

CAPÍTULO X

LOS AÑOS CON CÉSAR BORGIA

Toda Italia se estremeció de horror

Fred Berence en su libro "Leonardo de Vinci" ofrece la época de la gran actividad bélica de César Borgia:

En Cesena, convertida en su capital, se hizo muy pronto popular. No sólo organizó por Navidad, y por el Carnaval, unos torneos sino que tomó parte personalmente en las diversiones del pueblo. Igual que Leonardo en sus mocedades, en materia de fuerza podía enfrentarse con cualquiera de sus robustos romañoles, pues doblaba una barra de hierro o rompía una cuerda nueva con la misma facilidad que los más fuertes entre ellos. Así fue como conquistó a esos campesinos, cuyos impuestos rebajaba cada vez que le era posible. Reformó las leyes, introdujo en Cesena un Tribunal de apelación, copiado de Roma, fundó una Universidad y organizó un sistema administrativo y judicial. Era menester que, en los Estados del duque de Valentinois y de Romaña, títulos que pertenecían a César Borgia, todo hombre supiese que ya nadie había de ser víctima de lo arbitrario, sino sometido a la ley aplicable a todos. La más interesante de las reformas del duque fue el reclutamiento de la milicia: César, deseando independizarse de los mercenarios y del apoyo extranjero, decretó que cada hogar había de suministrarle un recluta. Inmediatamente, todos los romañoles, sin excepción, mostráronse dispuestos a luchar a su favor. Cuando Leonardo

121

entró a su servicio, César se encontraba en el cenit de su poderío. Mientras el genio de Vinci, en Florencia, dibujaba el cartón de Santa Ana, el ambicioso aniquilaba definitivamente a la casa de Nápoles, y el rey Federico, tío de Isabel, se veía obligado a huir, igual que antaño su hermano Alfonso II, cuando la invasión de Carlos VIII.

Luis XII, que ya no esperaba conquistar el reino de Nápoles en contra de los españoles, había decidido compartirlo con ellos, por medio de un tratado secreto. El infortunado rey Federico llegó a pedir auxilio a las tropas de su primo, Fernando de España; y como abrigaba ciertos recelos, Gonzalo de Córdoba, el digno general del rey muy católico, juró y protestó de su completa buena fe; y después, cuando ya hubo ocupado todas las plazas, franqueó la entrada de la mitad de ellas a las tropas francesas, y el tratado, firmado desde hacía ya largo tiempo, se ejecuto inexorablemente. El rey Federico emprendió la resistencia en la plaza fuerte de Capua, sostenido por los Colonna. Pero las puertas de la ciudad fueron abiertas a traición, y de resultas de ésta ocurrió una matanza espantosa, que les costó la vida a más de 4.000 personas. Al saber esta nueva, toda Italia se estremeció de horror. Los vencedores se portaban como si fueran turcos. A pesar de que el responsable de la matanza fue Sanseverino, por ser quien tenía el mando, la indignación recayó sobre César.

El astuto Maquiavelo

Mientras Leonardo seguía a César Borgia, fue construyendo palacios, iglesias, bibliotecas y escuelas en las ciudades que se iban conquistando. En la fortaleza de Castel Bologuese edificó un gran cuartel. Se encargó de que el puerto de Cesenatico volviera a ser operativo. También fabricó nuevas máquinas de guerra: mejoró las bombardas, inventó los explosivos múltiples y alargó las lanzas de la infantería para que tuvieran mayor longitud que las utilizadas por los suizos.

Diseño de unas lanzas provistas de defensas. (Academia de Venecia.)

Durante uno de esos cortos periodos de tregua, se desconoce en qué lugar, Leonardo conoció a Nicolás Maquiavelo. Un joven de fácil palabra, que había llegado al campamento militar como representante de la República de Florencia. Por vez primera el genio de Vinci no supo definir a un hombre en el momento de empezar a tratarle. Comprendió que se hallaba ante un personaje que deseaba agradar, aunque nunca bajaba la guardia. Prefería escuchar a hablar, y con su media sonrisa transmitía un cinismo que, al momento, encontraba la manera de ocultar.

A las pocas semanas, adivinó que era un espía o algo similar. Cosa que no quiso descubrir, porque hubiera sido traicionar a un paisano, pues los dos habían nacido en la Alta Toscana. Curiosa amistad la que establecieron, labrada con vivas discusiones que, al final, cerraban con un abrazo. Todo por ese concepto de Maquiavelo de que "el hombre es el ser de la creación más vulnerable por la cantidad de defectos que le aquejan; cualquier gobernante que supiera manejar esos defectos del pueblo, podría convertirlos en corderos que comerían en su mano".

La muestra de hipocresía terminaba por enfurecer a Leonardo, brotaba la discusión verbal y, cuando éste se daba cuenta de que su interlocutor no había dicho ninguna mentira, surgía la reconciliación. En realidad el joven pretendía servirse de los elementos más bajos del hombre, a la vez que le alertaba de lo fácil que resultaba manipularlo.

Una corta estancia en Roma

El 13 de junio de 1502, César Borgia entró triunfalmente en Roma. Ocho días más tarde ya era dueño de todo el estado de Urbino. En seguida llamó a Leonardo, para que se encargara de la construcción de escaleras y canales, de efectuar distintas reparaciones y otras obras. Además se le propuso pintar un "Arquímedes" para Pietro Barozzi, el obispo de Padua, ya que se quería homenajearle por su condición de gran científico.

El 18 del mismo mes, el genio de Vinci fue contratado, por medio de un documento oficial, como arquitecto e ingeniero en general de todas las fortalezas de los estados de César Borgia.

La muerte del Papa Alejandro VI

En el verano del 1503, Roma se vio azotada por una epidemia de malaria. Las gentes morían a cientos. Las autoridades aislaron las zonas afectadas, se trajeron médicos de toda Italia y nada se consiguió. Finalmente, la enfermedad invadió el Vaticano.

Fallecieron varios obispos, camarlengos y cardenales. Uno de los últimos en verse mortalmente afectado fue el Papa Alejandro VI. Con su fallecimiento puede decirse que el final de los Borgia ya estaba dictado.

César, el duque de Valentinois e hijo del anterior, también había caído gravemente enfermo. No afectado por la malaria. Cuando pudo levantarse de la cama, totalmente recuperado, se encontró con que sus capitanes se habían sublevado. Seguían las órdenes del nuevo pontífice. Fue hecho prisionero.

Meses después, Gonzalo de Córdoba, el Gran Capitán, le trasladó a España, donde quedó encarcelado en Medina del Campo. Unos años después consiguió escaparse y buscó refugio en Navarra, cuyo rey era su cuñado. Allí viviría hasta 1507. Murió delante de las murallas de Viana mientras luchaba contra unos vasallos rebeldes.

El ingéniero Leonardo da Vinci

La ciudad de Florencia estaba en guerra contra Pisa y reclamó a su gran ingeniero Leonardo da Vinci. Libre de todo compromiso con César Borgia, se entregó de inmediato a estudiar el sistema de asedio al que estaba siendo sometida la ciudad de la Torre Inclinada.

En seguida comprobó que los habitantes podían resistir porque les llegaban las provisiones. Como el rio Arno pasaba por el interior de la misma antes de desembocar en el mar, lo que se debía conseguir era cortar las líneas de abastecimiento. Para lograrlo organizó un canal a base de una serie de esclusas, las cuales servirían para superar los obstáculos naturales.

Como complemento de lo anterior, proyectó túneles, inventó unas excavadoras, grúas y calandrias. En seguida se iniciaron los trabajos, hasta que unas lluvias inesperadas provocaron grandes corrimientos de tierras. Así quedó arruinado el proyecto.

Los pisanos se rendirían cinco años más tarde, debido a que el pirata Bardella bloqueó la salida al mar con sus embarcaciones. Algunos de los ingenios de Leonardo se utilizarían para elevar el baptisterio de Florencia, con el fin de colocarlo sobre un pedestal más alto que descansaba sobre unas arcadas.

Las máquinas voladoras

Richard Friedenthal cuenta en su espléndido libro "Leonardo da Vinci":

La furia inventora de Leonardo no se detenía. Por esa misma época pretendió hacer realidad uno de los viejos sueños del hombre: elevarse sobre la tierra. Ninguna de sus ideas ha tenido que esperar un lapso de tiempo tan dilatado -hasta nuestros días- para ser llevada a la práctica. Ninguno de sus inventos -que, en realidad, a menudo son una especie de monólogo del autor consigo mismo, que dice "se debería..." o "se toma..." como si todo estuviera solucionado y únicamente faltara poner manos a la obra- ha fascinado tanto a las gentes de hoy como esos dibujos y cálculos sobre el vuelo humano. No se puede afirmar con certeza que Leonardo llegara a construir un prototipo, pero cae dentro de lo posible. Él voló sobre la tierra, pero en alas de su espíritu. Algunos de sus contemporáneos investigaron los mismos asuntos. Un documento poco digno de crédito afirma que el matemático Giovanni Battista Danti sobrevoló el lago Trasimeno; otra fuente, ésta más fiable, dice que en Perugia se había lanzado desde la torre de la iglesia y había planeado durante algunos instantes con el paracaídas, cayendo a continuación y rompiéndose una pierna, lo que indujo al matemático a dar por terminados sus experimentos.

Leonardo inventó un artefacto aéreo con un armazón de alambre de hierro y superficies montadas en tela "cuyos poros se han cerrado a base de almidón", e incluso sopesó la posibilidad de realizar una "pequeña maqueta de papel". Diseñó un paracaídas cuadrado y escribió lleno de confianza: "Con una tienda de tela de doce varas de longitud y otras tantas de anchura, una persona puede lanzarse sin temor alguno desde la altu-

ra que desee." Pero su ambición más honda, su sueño de Ícaro, consistía en volar con grandes alas, es decir, imitar el vuelo de los pájaros.

(Arriba) Diseño de hélice. (Biblioteca Nacional de Paris) (Abajo) Maqueta de un proyecto que se considera anticipo del helicóptero. (Museo de la Ciencia y de la Técnica. Milán.)

Durante el periodo milanés, Leonardo abordó los estudios preliminares, observó la resistencia del aire y anotó la siguiente norma general: "Con un objeto se ejerce la misma fuerza contra el aire que la que éste ejerce contra el objeto." Y prosigue Leonardo: "Ves cómo las alas del águila, al batir contra el aire, hacen que la pesada ave se mantenga a gran altura sobre el aire enrarecido. Ves también cómo el aire marino impulsa el barco cargado hasta la borda al chocar contra las velas." Y luego añade con tono de júbilo: "Estas razones evidentes permiten deducir que el hombre logrará someter al aire y elevarse sobre él cuando sea capaz de construirse unas grandes alas que venzan la resistencia que opone el aire." Decidido a construir esas "grandes alas batientes", Leonardo se dedicó a estudiar la conformación de las alas de los pájaros. Una libreta de apuntes, que data de su época florentina, recoge sus observaciones. Incluso llegó a planear un tratado sobre los pájaros dividido en cuatro partes. Llevó a cabo innumerables experimentos a fin de calcular la energía humana, única fuerza motriz de que disponía, y pensó que podría alcanzar una potencia de 425 kg por medio de unos mecanismos accionados por manos y pies; incorporó además al artilugio muelles y resortes e inventó dispositivos de sujeción. Diseñó alas con las formas más diversas, y siempre pendiente de los detalles más nimios, ideó accesorios que aumentaran las comodidades del invento: escaleras para subir mejor al aparato, amortiguadores... El revestimiento habría de ser de tafetán, endurecido con engrudo y reforzado con una funda reticular de apretada malla. Inventó mandos cada vez más complejos. Sumido en esta incansable borrachera de inventos, su cuadernillo de apuntes, fiel reflejo de su alma, nos muestra a un Leonardo estudioso y envidioso del vuelo de los pájaros, pero filósofo al mismo tiempo. En una ocasión escribe con un tono doctoral: "La mecánica es con mucho la ciencia más noble y útil, pues gracias a ella ejecutan sus movimientos todos los seres vivientes." La última página, que parece un corte transversal de su incansable cerebro, recoge dos dibujos: una corriente de agua y la forma de represarla *y un mecanismo para levantar un árbol formidable, y debajo una serie de anotaciones más propias de un diario: "1505, miércoles, 14 de abril, ha venido Lorenzo a vivir a mi casa. Tiene diecisiete años, según me ha dicho. 15 del mencionado mes: he cobrado veinticinco ducados de oro del tesorero de Santa María Novella." Y a renglón seguido esas líneas en las que se ha querido ver la prueba de que los vuelos de Leonardo fueron reales, no un sueño o una fantasía poética: "El gran pájaro emprenderá su vuelo desde la espalda del gran cisne (la colina del Cisne de Florencia) y su fama correrá de boca en boca de un extremo a otro del mundo.*

Al parecer, por los alrededores de Florencia circularon narraciones relativas al "gran pájaro" que salió volando de Monte Cecen o colina del Cisne, pero desapareció antes de poder ser observado bien.

El inevitable regreso a la pintura

Leonardo odiaba y amaba la pintura, en una contradicción de sentimientos que tenía mucho que ver con su lucha permanente por conseguir la perfección. Cuando se enfrentaba al lienzo o a una pared, con el fin de realizar un fresco, se entregaba a tal proceso de investigación que no encontraba la manera de detenerse. Si buscaba expresar la máxima fealdad, ¿cómo saber en qué momento había dado con el modelo preciso si le faltaban por recorrer infinidad de calles, hospitales, iglesias y tantos otros lugares?

El espíritu del genio de Vinci se hallaba modelado por los conceptos de la pintura. Era inevitable que volviera a ella. La ocasión se la proporcionó Maquiavelo al conseguirle la realización de un fresco para la Sala del Gran Consiglio del Palazzo-Vecchio. El tema que se eligió fue la batalla de Anghiari, en la que los florentinos derrotaron a los milaneses.

El cartón comenzó a dibujarse en octubre de 1503. Dado que siete meses más tarde no estaba terminado, la Signoria que representaba a quienes financiaban el trabajo exigieron que la obra quedase finalizada en febrero de 1505. En diciembre de 1504, Leonardo pudo mostrar el cartón terminado y, de inmediato, dio comienzo la pintura.

¿Cuántos cartones dibujo el divino artista a lo largo de su vida? Fueron cientos, lo que nos lleva a deducir que la mayoría representan obras pictóricas no realizadas, que se han perdido o quedaron inacabadas. Ahora sabemos que estos cartones escapaban de las manos de su autor, debido a que algunos de sus ayudantes u otras personas cercanas se cuidaban de enmarcarlos, con el fin de ponerlos a la venta. ¡Eran tanto los compradores que esperaban estas ofertas!

"La batalla de Anghiari"

Para "La batalla de Anghiari" Leonardo se propuso reflejar la violencia despiadada, el estallido de la irracionalidad de unos guerreros y unas bestias, sus caballos, mezclados en un conjunto apocalíptico, donde se diría que todos van a sucumbir. Cada uno de ellos quiere aniquilar al adversario, y para conseguirlo se funden en un choque de espadas levantadas, rostros desfigurados por la furia y la más terrible desesperación. La frase "debo matar para que no me maten" quedó plasmado con una fuerza extraordinaria. Lo podemos comprender viendo la copia que realizó Rubens, además de otras que llevan las firmas de unos pintores italianos.

Porque el fresco de Leonardo se perdió. Cometió el error de cambiar de técnica, acaso porque la utilizada en "La Santa Cena" no terminaba de convencerle. Recurrió a una ideada por Plinio. Durante los primeros meses, llegó a creer que al fin había dado con la solución porque los colores no se apagaban en aquella pared "bien acondicionada". Sin embargo, en el momento que decidió secar su obra, que ya había sido terminada, se fue a encontrar con que la zona superior quedaba demasiado oscura, mientras que la inferior... ¡¡Se estaba derritiendo!!

Toda esta parte de la pintura se deshizo en chorretones que cayeron al suelo. Pero algo debió quedar que merecía la pena. Tenemos esta certeza porque el 17 de agosto de 1549, Anton Francesco Doni elogió el conjunto de caballos que se habían pintado en la Sala Grande, "pues resultan una cosa milagrosa". Años después no se debió pensar lo mismo. La pintura de Leonardo fue borrada, para colocar en su lugar una decoración de Vasari.

Estudios de caballeros para "La batalla de Anghiari". (British Museum.)

La rivalidad con Miguel Ángel

La situación de Leonardo debía ser poco importante en Florencia, cuando permitió que se le sometiera a un duelo con el escultor y pintor Miguel Ángel. Éste contaba veintinueve años, acababa de terminar la colosal estatua de David y era uno de los hombres más famosos de la ciudad, casi tanto como el genio de Vinci.

Miguel Ángel había recibido un encargado similar. Pero eligió el tema de los soldados sorprendidos mientras se bañaban, al creer que la batalla se había tomado un respiro. De esta manera pudo desarrollar toda su maestría al mostrar los cuerpos al natural, con esa tensión que provocan la sorpresa, la indefensión, el deseo de escapar a una muerte inevitable o el querer luchar aunque falten las armas. Gracias a que este fresco sí que se conserva, hemos de comprender que todos los florentinos se inclinaran a favor del pintor más joven.

Leonardo no se sintió derrotado. Contaba más de cincuenta años, había demostrado repetidamente su genialidad y estaba convencido de que se aprende más de los errores que de los de aciertos. Durante los meses siguientes, dibujo varios cartones de desnudos que nada tenían que envidiar a los de Miguel Angel porque eran distintos. Si éste prefería mostrar atletas bien musculados, el genio de Vinci se inclinó por la perfección anatómica de un hombre bien dotado.

La opinión de Leonardo

Leonardo dejó escrito lo que pretendía representar en "La batalla de Anghiari":

"A los vencidos y abatidos mostraréis pálidos, las cejas arqueadas y juntas por el entrecejo, y la frente surcada de muchas y dolientes arrugas; tengan a ambos lados de la nariz algunos pliegues que en arco se remonten desde las aletas hasta el arranque de los ojos; las fosas nasales arremangadas (causando, pues, aquellos pliegues); la boca en un rictus que descubre los dientes superiores, y esos mismos dientes entreabiertos, como para un horrísono lamento. Una de las manos sirve de escudo a los atemorizados ojos, volviendo la palma al enemigo; la otra, sobre el suelo, para sostener el torso incorporado... A otros representarás que, moribundos, aprietan los dientes, extravían los ojos, oprimen los puños contra su cuerpo y retuercen las piernas. Se podrá ver alguno que, desarmado y abatido por el enemigo, contra él se vuelve con uñas y dientes buscando cruel y amarga venganza... y a algunos vencedores que, prefiriendo abandonar el combate y alejarse de la turbamulta, se enjugan con ambas manos los ojos y mejillas del lodo que, por culpa del polvo, causan las lágrimas de los ojos."

Estos consejos se encuentran en el "Tratado de la pintura". También aparece este otro, que sigue refiriéndose a "La batalla de Anghiari":

"El humo que se mezcla con el aire polvoriento se asemejará, cuando más se eleve, a una oscura nube, y en lo alto, más distintamente se verá el humo del polvo. el humo tomará un color azulado y el polvo tirará a su propio color. Esta mixtura de aire, humo y polvo parecerá, allí donde la luz incida más clara que en el lado opuesto."

"Tratado de los pájaros"

Mientras Leonardo estaba enfrascado en la creación de la "Batalla de Anghiari" y ya comenzaba a pensar en la "Gioconda", dio por concluidas sus investigaciones sobre el "Tratado de los pájaros". La brillantez de sus ideas quedan reflejadas en este texto:

"Hagamos en primer lugar la anatomía de las alas del ave; a continuación, la de sus plumas desprovistas de pelusas y con ella.

"Estudiaremos la anatomía de las alas de un ave junto con los músculos de la pechuga, que son los motores de aquéllas. Habrá que realizar lo mismo con el hombre, para mostrar la posibilidad que hay en él para sostenerse en el aire agitando las alas.

"Quizá se diga que los tendones y los músculos de un ave son incomparablemente más fuertes que los de un hombre. Se basan en que la fuerza total de tantos músculos y carne de la pechuga estimula y aumenta el movimiento de las alas, y el hueso de la pechuga es todo él de una pieza y, por consiguiente, proporciona al pájaro una gran fuerza. A esto se añade el estar las alas cubiertas por una red de gruesos tendones y otros fuertes ligamentos cartilaginosos, aparte de la piel muy espesa con variedad de músculos.

"La respuesta a esta objeción es que una fuerza así la tienen como de reserva, y no para mantenerse ordinariamente sobre sus alas. Esta fuerza la reservan porque necesitan en algunas ocasiones duplicar o triplicar sus movimientos para escapar del cazador o cuando quieren seguir a su presa. En esos casos necesitan poner en acción todas sus fuerzas, mucho más si llevan a través del aire en sus garras un peso igual al suyo. Así, por ejemplo, vemos un halcón llevando un pato, y a un águila levantando una liebre, lo cual indica dónde se gasta el exceso de fuerza. Para sostenerse y balancearse con las alas agitándolas en el viento, sólo necesitan una pequeña fuerza, y para dirigir su curso es suficiente un pequeño movimiento de las alas. Estos movimientos serán tanto más lentos cuanto mayor sea el tamaño de los pájaros.

"Las plumas más ligeras están situadas debajo de aquellas más resistentes, y sus extremidades se hallan vueltas hacia la cola del pájaro. Esto es así porque el aire por debajo de los objetos volantes es más espeso que él que está por encima y por detrás; y el vuelo requiere que estas extremidades laterales de las alas no se encuentren con el choque del viento; de lo contrario, inmediatamente se separarían y dispersarían además de ser penetradas por el viento. Por eso las resistencias deben estar de tal manera situadas que las partes con una curva convexa se vuelvan hacia el firmamento, y de esta forma, cuanto más son golpeadas por el viento, más descienden y se acercan a las resistencias más bajas. Así evitarán la entrada del viento por debajo de la parte delantera..."

El tratado es más amplio. Pero estas descripciones nos dan una idea clara de las investigaciones de Leonardo, con las que se anticipó a los principios de la aeronáutica.

CAPÍTULO XI

"LA GIOCONDA"

"El David" de Miguel Ángel

El 25 de enero de 1504, los artistas más importantes que se encontraban en Florencia fueron consultados para decidir en qué lugar debía colocarse "el David" de Miguel Ángel. Deliberaron Botticelli, Filippino Lippi, Sangallo, Piero di Cosimo, Lorenzo di Credi, el Perugino y el mismo Leonardo. Finalmente, se eligió la Loggia dei Lanzi, ya que era el sitio más importante de la ciudad.

No obstante, fue el mismo autor de la estatua quien ordenó que se colocara ante el Palazzo-Vecchio. Y aquí permanecería durante los siguientes cuatro siglos, hasta que se advirtieron los grandes daños que había sufrido el mármol y fue trasladada a un lugar más seguro. Hoy día se comenta que si se hubiera respetado el consejo de los "veteranos artistas", ya que la Loggia hubiese protegido la estatua de la lluvia y del sol, continuaría siendo un monumento urbano.

"El David" pesaba 18.000 libras, para sacarlo del taller donde Miguel Ángel lo había esculpido hubo que derribar toda la puerta. Luego, se realizó una proeza para llevarlo al lugar de su definitivo emplazamiento. Y cuando las gentes pudieron contemplarlo se quedaron estupefactas... ¡Era tan hermoso en su desnudez!

En seguida aparecieron las críticas de obscenidad, que no tardaron en ser acalladas. Lo que todos consideraron es que se hallaban ante una obra que sólo podía compararse, por su magnificencia, al "Caballo" que Leonardo había creado en Milán. Y a partir de este momento dio comienzo una rivalidad entre los dos gigantes del arte. Rivalidad alimentada interesadamente por los demás, cuando los creadores se hallaban muy lejos de sentirla.

Un escandaloso pleito

Leonardo escribió en uno de sus diarios:

"El miércoles, 9 de julio de 1504, a las siete de la tarde, murió mi padre, ser Piero de Vinci, notario de Podestá. Tenía ochenta años. Deja diez varones y dos hembras."

Muchos sabían que el difunto había sido en vida un hombre responsable, ya que prometió que su herencia sería dividida por igual entre todos sus descendientes. No obstante, en el momento del reparto, nadie se acordó de la existencia del bastardo. La cuestión hubiese carecido de importancia, de no ser porque Leonardo había estado recibiendo unos préstamos a cuenta de la herencia. Algunos problemas económicos le obligaron a dar un paso bastante peligroso.

Ante el injusto comportamiento de sus hermanastros, el genio de Vinci pensó recurrir a sus amistades para pagar la deuda. Cosa que a su acreedor le pareció absurdo, debido a que ante los jueces se podría conseguir recuperar el dinero de la herencia. Leonardo aceptó y firmó los documentos para que aquél pudiese actuar en su nombre.

A partir de este momento se produjeron una cadena de escándalos: los abogados de los hermanastros sacaron a relucir el "sucio" pasado de Leonardo: su condición de bastardo, que había sido sometido a juicio por un "delito nefando", que no se conocía que hubiese mantenido trato con mujer, que vivía con unos jovencitos y algunas cosas más.

Siguieron unos seis años de juicios, porque los abogados no dejaban de litigar ante instancias superiores al recibir los fallos en contra de sus clientes. Esto supuso que el genio de Vinci se hallara en boca de todos, aunque no hubiera pisado los tribunales. Y para complicar más las cosas, se encontró con que el Tesoro de Florencia le reclamaba el dinero recibido por el fresco de la "Batalla de Anghiari". Pretendió satisfacer todas sus deudas y, menos mal, se le concedieron unos plazos nada gravosos.

Estudio de las cabezas de un joven y un anciano. (Gabinete de dibujos y Estampas. Florencia.)

El reconocimiento universal

El 30 de julio de 1505, Leonardo fue autorizado por su Señoría para desplazarse de Florencia a Milán durante tres meses. Debía realizar unos trabajos para Charles d'Amboise, señor de Chaumont-sur-Loire, que era el gobernador francés de la ciudad lombarda. Allí permanecería más tiempo. Toda la labor que realizó debió ser tan excelente, que el mariscal Amboise lo reconoció en este escrito que envió al genio de Vinci:

"...Después que hemos experimentado y reconocido el valor de sus diversas cualidades, vemos que su nombre, célebre gracias a la pintura, es desconocido, a pesar de todo, en relación con las alabanzas que merecería en las otras ramas, en las que sobresale maravillosamente; y queremos confesar después de haberlo puesto a prueba en cualquier práctica que sea, después de haberle pedido sus dibujos, sus planos de arquitectura y otras cosas relativas a las funciones que ejercemos, que no sólo nos ha satisfecho plenamente, sino que también nos ha inspirado la más viva admiración."

Hemos de admitir que Leonardo no "fue profeta en su tierra" en otros terrenos distintos a la pintura. Tuvieron que ser los franceses y, más tarde, los ingleses quienes le otorgaran la cualidad de "genio en casi todas las disciplinas del pensamiento y la imaginación". Como podremos comprobar más adelante, los franceses se convirtieron en sus mayores admiradores.

Otros sorprendentes estudios

En julio de 1508, Leonardo seguía en Milán, donde permanecería hasta el 15 de septiembre de 1513. Se tiene la certeza de que durante este tiempo siguió ampliando todos sus conocimientos sobre Anatomía, para lo cual mantuvo largas conversaciones con el anatomista veronés Marco Antonio della Torre.

En 1510, visitó las universidades de Padua y de Pavía en su empeño de seguir investigando en el terreno de la hidráulica. Inventó una máquina para elevar el agua.

Los dibujos que aparecen en sus cuadernos de notas son tan perfectos, que merecen el título de precursores por los muchos caminos que abrieron a tantos otros científicos posteriores. Planteó conceptos que nadie antes se había atrevido a exponer, y casi siempre con una gran acierto. Por ejemplo, comenzó a estudiar la fonética, que hoy día es considerada una ciencia. Continuó los trabajos de desecamiento por medio de canales de los terrenos inundados. Descubrió el principio de la frotación, planteó la teoría del reflujo del agua y cómo se forman los remolinos en el río.

Al mismo tiempo que se ocupaba en hacer navegable el canal de la Martesana, desde el lago Como hasta Milán, volvió a preocuparse del cuadro de "Santa Ana", cuyo cartón realizó diez años antes, y pensó en el de "Leda".

Sus investigaciones no conocieron jamás ni un momento de tregua. Se adentró en la geología, sin dejar la anatomía, la cosmografía, la óptica, la acústica, la mecánica y las matemáticas. Levantó los planos de diferentes edificios antiguos. En el mes de agosto de 1516 anotó las medidas de la basílica de San Pablo.

Leonardo se sentía incomprendido

Sólo las personas que se hallaban cerca del genio de Vinci conocían sus fabulosos trabajos. Para los demás lo único que contaban eran las pinturas y la escultura, junto a algunos proyectos fallidos. Y como las críticas a la supuesta inactividad del artista cada vez iban en aumento, éste dejaría escrito lo que pensaba de su situación:

"Porque me considero un hombre de letras, algunos presuntuosos creen tener motivo para censurarme, alegando que no soy un humanista. ¡Estúpida grey! No saben esas gentes que podría responderles, como Mario a los patricios: Aquellos que se jactan de los esfuerzos ajenos no quieren concederme los míos.

"Dirán que, al carecer de letras, no me es posible decir bien lo que deseo expresar. Mas ignoran que mis obras antes son fruto de la experiencia que de las palabras de los demás, y la experiencia ha sido maestra de cuantos escriben bien. Yo también la tomo por maestra, y así lo he de alegar siempre que sea.

"Si no alego, cual ellos, los autores, tanto más elevado y digno será mi alegato, el cual es la experiencia, maestra de sus maestros. Van ellos hinchados y pomposos, vestidos y engalanados, no con sus propios trabajos, sino con los ajenos, y me disputan los míos, y me desprecian a mí, inventor, que tan superior soy a ellos, trompeteros y embajadores, declamadores de las obras ajenas y, por lo demás, despreciables."

Y como resumen de lo mucho que le herían los envidiosos, añadió esta descripción que se halla cargada de moralidad:

"La envidia ataca con aguada infamia; sabe alejar la virtud, atemerizándola. Se la representa contemplando al cielo, pues, si pudiera, emplearía sus fuerzas contra Dios mismo. Hazla de una máscara sobre un rostro de aspecto placentero. Hazla dolida al ver unas palmas y unas ramas de olivo; hazla lastimada en sus oídos por laureles y mirtos que significan que la victoria y la verdad la ofenden. Haz brotar de ella humaredas, para significar lo dañino de sus palabras. Hazla magra y seca, pues se halla continuamente presa de excitación; hazle el cuerpo roído por una serpiente. Ponle un carcaj y largas flechas, pues así es como ataca. Vístela con una piel de leopardo, porque este animal le da muerte al león, valiéndose de la astucia. En su mano, ponle un búcaro lleno de flores y, entre éstas, unos alacranes, unos sapos y demás animales venenosos. Hazle cabalgar la Muerte, porque la Envidia no muere, sino que languidece. Haz la rienda con diversas armas, instrumentos de muerte.

"Tan pronto como la virtud, despierta contra ella la Envidia, y así como no existe cuerpo sin sombra, no existe virtud sin envidia."

El gran misterio de una pintura eterna

Leonardo no se cansaba de afirmar: "La pintura es una poesía que se ve." Una frase que él convirtió en axioma al finalizar el cuadro de "La Gioconda". Mucho se ha escrito sobre la dama misteriosa, a la que durante mucho tiempo se llamó "la cortesana del velo de gasa". Un siglo más tarde del fallecimiento del genio florentino, alguien identificó a la modelo como Mona Lisa del Giocondo.

"Gioconda" o "Mona Lisa" (Louvre. París.)

A partir de este momento surgieron infinidad de leyendas, como esa tan hermosa de que Mona Lisa era la hija de aquella primera jovencita que le fascinó en la villa de la familia Rucellari. Nos estamos refiriendo a Florinda, cuyas facciones se habían repetido, con una prodigiosa madurez, en su descendiente.

También se cuentan otras más indignas, que preferimos ahorrarnos. Los datos que podemos considerar "oficiales" es que la dama se llamaba Mona Lisa Gherardini, era una patricia de Florencia y estaba casada con Francesco di Bartholommeo di Zanobi del Giocondo, un personaje muy rico y famoso en su tiempo. La modelo debió estar posando durante cuatro años; lógicamente, en distintos periodos. Existe la certeza de que Leonardo contrató músicos para que su modelo no se cansara.

La impresión que este cuadro causó en aquella época, y en las posteriores, la reflejó perfectamente Jules Michelet en su "Historia de Francia":

Este lienzo me atrae, me invade, me absorbe; hacia él voy a pesar mío, como el pájaro hacia la serpiente... La Gioconda, ¡gracioso y sonriente fantasma! La suponéis atenta a los relatos desenfadados de Boccacio. ¡Desconfiad! El propio Vinci, el gran maestro de la ilusión, se ha dejado engañar: por años permaneció ahí, sin lograr nunca salir de ese laberinto móvil, fluido y cambiante, que ha pintado en el fondo del peligroso cuadro.

Dentro de la leyenda que rodea esta divina obra, se cuenta que un posible comprador de la misma, sin poder frenar la pasión que sentía quiso besarla. Esto asusto tanto a Leonardo, que a partir de entonces la conservó con él casi hasta el mismo día de su muerte.

El profundo significado de la "Gioconda"

Leonardo ya había demostrado en otros retratos de mujeres que le importaba mucho el modelo. A pasar de que en su "Tratado de la pintura" aconseja que no es conveniente respetar el parecido exacto de lo que se copia, él lo respetó hasta la sublimidad. Porque no sólo realizó un retrato perfecto, sino que aportó "la vida de un carácter o de un sicología". Para ello se apoyó en la expresión del rostro y en la colocación de las manos. Así lo reconoce René Schneider:

> *La actitud general, que hace girar ligeramente en torno a su eje la testa y el torso; la revelación de las hermosas manos cruzadas y, por último, la simplificación del tocado y del traje, que concentra todo el interés en los rasgos, en los cuales aflora el alma, he aquí las innovaciones.*

A partir de Leonardo los pintores debieron cambiar su técnica a la hora de pintar un retrato. Se debía ofrecer algo más, como lo lograrían Velázquez, Goya y otros grandes pintores. Bien es cierto que la "Gioconda" marcó un techo insuperable.

Acaso la clave de esta magia se encuentra en estos consejos que Leonardo ofreció en su "Tratado de la pintura":

"Ten presente las calles, al atardecer, en los rostros de los hombres y de las mujeres cuando hace mal tiempo, que gracia y que dulzura tienen... y es que entonces el aire es perfecto...

"Mira la luz de la vela y contempla su belleza; cierra los ojos y mírala de nuevo; lo que ves ahora no existía antes y lo que existía ya no está ahora. Has de saber que las sombras dan vida a los objetos, que las formas se modifican continuamente con el juego del claroscuro que es finura y suavidad."

En la "Giaconda" el "sfumato" (esa técnica de difuminar ligeramente las formas) adquiere su más excelsa magnitud. El pintor halla y esconde al propio tiempo el misterio de la existencia y provoca a nuestra imaginación para que tome parte activa en la alquimia de esta "mágica" transformación de la realidad.

Se diría que Leonardo hubiese cubierto de unos tenues velos la pintura, con la intención de que el espectador se cuide de levantarlos, si es capaz, ya de que de esta forma conseguirá descubrir, más allá de las tinieblas, la luz, los ojos, la boca y esa sonrisa insinuada, los enigmas de la vida.

A esa mirada tan cargada de misterio, a esa sonrisa indefinida, se ha unido un paisaje intencionadamente fuera de perspectiva. Los trucos válidos, soberbios, de un superhombre que nos conocía a todos mejor que nadie. Ahí esta su obra inmortal, para asombro de todas las generaciones. ¿Cuántos miles de millones de admiradores y admiradoras ha tenido la "Gioconda" desde que fue creada? ¿Qué nos contarían los sucesivos directores del Louvre, sobre las reacciones de los visitantes a la gran pinacoteca en el momento que se sitúan delante de su mejor cuadro?

¡Y pensar que un loco pudo robarlo durante unos años, hasta que al fin la obra consiguió ser recuperada!

Italia continuaba siendo un campo de batalla

Por aquellos tiempos Francia dominaba el norte de Italia y España el sur. En el centro se encontraba el papa Julio II. La situación no podía ser más inquietante. De repente, los tranquilos habitantes de Venecia cambiaron de talante y se atrevieron a enfrentarse a todos los reinos, repúblicas y condados que la rodeaban. Esto supuso su suicidio, ya que se vieron sometidos a un cruel asedio. Resistieron bravamente, hasta que la batalla de Agnadel dejó 16.000 cadáveres y, semanas después, entraba en la Plaza de San Marcos el rey francés Luis XII, como soberano de la ciudad de los canales. Una tragedia que sucedió en julio de 1509.

Pero iban a producirse otras, debido a que los ejércitos venecianos supervivientes se apoderaron de Padua al grito de "¡arrojemos fuera de Italia a todos los bárbaros!" Contaban con el apoyo del Papa, lo que resultó insuficiente. Las fuerzas eran muy poderosas. Tardarían en rendir definitivamente a los levantiscos, con lo que el continente volvió a hallarse subyugado y dividido.

Leonardo no debió permanecer impasible, debido a que estaban falleciendo sus antiguos protectores. Pudo saber de la muerte de César Borgia, en 1507; y un año más tarde la de Ludovico "el Moro", al cual se le trasladó de una prisión a otra en un trágico peregrinaje.

"Virgen con el Niño y Santa Ana". (Louvre. París.)

Al final terminó el cuadro de "Santa Ana"

El cartón para el cuadro de "Santa Ana" que Leonardo realizó unos diez años antes, cuando fue llevado al lienzo fue modificado sustancialmente por el autor. Si el primero ya era una obra de arte, el segundo adquirió unas dimensiones parecidas a las de la "Gioconda".

Sobre el fondo de un conjunto de montañas, queda algo difuminado por unos vapores que parecen anunciar la creación del mundo, un conjunto pintado de forma piramidal: Santa Ana, la Virgen y el Niño Jesús. Los tres juegan con un corderito. Las sonrisas vuelven a ser imperceptibles, y hemos de ver en las miradas femeninas un amor sublime, lo que supone un conjunto antológico de la armonía en la pintura.

Nos hallamos bastante lejos del enternecedor conjunto del primitivo cartón, lo que no desmerece la obra, ni mucho menos. Esa Virgen que pretende coger al Niño, mientras a éste le preocupa más el cordero, ofrece una serie de acciones o movimientos enlazados con el conjunto. Toda una invención que inspiraría a infinidad de pintores, algunos de ellos de la categoría de Rafael y de Miguel Ángel.

Como siempre, el cuadro o tabla se halla incompleto. Son muchos los críticos que aprecian la intervención de los ayudantes, especialmente en los pies descalzos y en el cuerpo del cordero. Esto no resta mérito a una obra magnífica. Por cierto, actualmente se encuentra en el Louvre, y se le ha dado el nombre de "Virgen con el Niño y Santa Ana".

Al servicio del rey de Francia

A primeros de mayo de 1509, Leonardo se puso al servicio del rey de Francia. Su comportamiento no puede ser considerado una traición, porque era florentino y su tierra se hallaba lejos de cualquier peligro. Aquellos eran tiempos en los que muy pocos se consideraban "italianos", debido a que éste país no existía como tal al hallarse todo el continente excesivamente dividido.

Hemos de tener muy en cuenta que los franceses ya andaban detrás del genio de Vinci desde principios del 1501. Ocho años más tarde, le pagaron todas las deudas que había contraído en Milán y en Florencia, hasta compensaron a los servitas porque no se hubiera terminado el cuadro de "la batalla de Anghiari". También le permitieron recuperar su viña, que andaba en pleitos. Ante tanta generosidad, el mismo Leonardo comentó: "Cuantos favores me pagan por tan pocos servicios."

Una vez instalado en Cassano, el genio de Vinci comenzó a realizar infinidad de estudios y proyectos sobre armamentos. Por sus dibujos se adivina que siguió muy de cerca los acontecimientos militares, debido a que aparecen esbozos topográficos y la explosión de un fuerte. Además, fue consejero de varios pintores milaneses. Pese a su colaboración en las operaciones militares, la guerra le parecía una "bestialísima locura".

Hasta tal punto llegó la admiración que sentían los franceses por Leonardo, que cuando entraba en una ciudad lombarda levantaban arcos de triunfos y ponían alfombras en las calles.

Medio año en Florencia

Sin dejar de estar al servicio de los franceses, Leonardo consiguió vivir medio año en Florencia. Se alojó en casa de un escritor apellidado Rustici. Como compensación le asesoró en los trabajos de fundición de una caldera de bronce.

En aquella vivienda se organizaban fiestas para artistas, a las que se daba el nombre de "club de la caldera". Una de las extravagancias consistía en colgar la comida en las ramas de un árbol que ocupaba el centro de la habitación principal.

Leonardo se dedicó durante este tiempo a clasificar sus papeles, como si pretendiera publicarlos. Se hallaba enfrascado, además, en la construcción de una prensa para imprimir, que estaría regulada por engranajes y sería dotada de un estereotipo sobre el cual se deslizaría el papel con la mayor facilidad.

Nada más volver a Milán, se entregó a la realización de sus últimos cuadros: "Baco" y "San Juan Bautista". Las dos pinturas presentan algunas similitudes, lo que ha llevado a creer que intervinieron demasiado los ayudantes. El maestro jamás hubiese repetido los pies, ni otros detalles. También se reprodujo la sonrisa de la "Gioconda".

A principios de 1513, Luis XII se vio obligado a dejar Milán, bajo la presión de los ejércitos mandados por el papa. Y Leonardo se dijo que había llegado el momento de viajar a Roma.

CAPÍTULO XII

LA AMARGA EXPERIENCIA DE ROMA

La primera visita a Roma

Roma siempre había estado en la mente de Leonardo; pero como una meta creativa. Porque nos estamos refiriendo a la ciudad que fue el centro del antiguo Imperio de los Césares. Quizá llegará allí en alguna otra ocasión. De lo que existe testimonio es de su presencia a principios de 1505.

Fue llamado por el Papa Julio II con el fin de que le aconsejara sobre los sistemas de acuñación. Para realizar este trabajo se puso en contacto con Antonio Segni, que era el encargado de fabricar las nuevas monedas.

Por los diarios del genio de Vinci, sabemos que pensaba comprar una serie de prendas de vestir y, en especial, deseaba aprender de Gian de Paris el método de colorear en seco, el empleo de la sal blanca, la forma de realizar papel empastado hoja a hoja, la técnica de la "témpera", disolver la goma laca, etc.

Invitado por el cardenal Giuliano

El 24 de septiembre de 1513, Leonardo salió de Milán en compañía de Gian Francesco de Melzi, Salai, Lorenzo y Fanfoia. Por fin se había decidido a aceptar una invitación del cardenal Giuliano de Médicis, "el Magnífico". Ya contaba con la suficiente experiencia humana para comprender que se le llamaba porque era el único de los grandes artistas italianos que faltaba en Roma. Eran aquellos tiempos en los que el Vaticano había conseguido dar forma a un "Olimpo", pues se hallaban presentes todos los grandes creadores.

149

Podía darse el hecho de que Giuliano le quisiera emplear en otros trabajos, debido a que desempeñaba el cargo de jefe de las milicias pontificias. El hecho es que Leonardo fue tratado como un príncipe: se le alojó en un edificio construido por Inocencio VII, en una de las zonas más altas del Vaticano, próximo al Belvedere. Allí pudo instalar sus oficinas y sus estudios. Bajo las ventanas se extendían las grandes praderas del castillo de Sant'Angelo.

Dado que contaba con las autorizaciones necesarias, el genio florentino cambió totalmente el lugar: rehizo cinco balconadas, construyó armarios, estanterías, bancos y mesas y modificó parte de los suelos.

Se cree que empleó una gran parte de su tiempo en construir ingenios mecánicos. Tuvo a su lado a los dos especialistas alemanes con los que había trabajado en Venecia.

Esos molestos "abejorros" que hieren al león

Muchos son los ejemplos en la Historia que demuestran una realidad muy amarga: quienes sirven a los grandes hombres son quienes menos los valoran. Ya lo hemos visto con Salai, que nunca dejó de robar a su maestro Leonardo. A esto se unió en Roma que su principal ayudante, Giovanni degli Specchi, demostró ser un vago que prefería escaparse del estudio para ir "a matar pájaros con balines". También los mecánicos alemanes volvieron a hacer de las suyas, al pretender quedarse con las mejores habitaciones.

Entonces, Leonardo se vio ante la humillante situación de presentar las oportunas quejas al cardenal. Y lo debió hacer por escrito, al encontrarse éste continuamente viajando. No sabemos si se atendieron sus reclamaciones, debido a que en 1514 fue él quien viajó a Milán por unas cuestiones legales.

A su regreso se tropezó con el mismo problema, porque en la vida real también los "moscardones" pueden terminar amargando la vida a un león. Para eludir estas molestias lo mejor era moverse; y así pudo hacerlo el agredido cuando se le propuso que estudiara la desecación de las Marismas Pontinas. Esta obra era de tal magnitud, que se debieron solicitar los permisos oportunos a todos los propietarios que se verían afectados por las obras.

"San Juan Bautista". (Louvre. París.)

Lo que se pretendía era que la Via Appia no siguiera estando rodeada por unas aguas estancadas, que casi todo el año despedían unos hedores nauseabundos. Los planos y los principales estudios fueron de Leonardo; sin embargo, la dirección de los trabajos iniciales correspondieron al monje Giovanni Scotti de Como, al que ayudaron un grupo de famosos geómetras.

Las obras se abandonaron con la muerte del cardenal Giuliano y del Papa León X. Cuatro siglos más tarde se realizarían por completo, al canalizar las aguas estancadas hasta llevarlas a las zonas bajas de las marismas; y desde aquí conducirlas al río Ufente. Éste fue desviado de su curso para que desembocara en el mar, en las proximidades de la Torre di Badino. Se tuvieron muy en cuenta los estudios realizados por Leonardo, que ya era un gran especialista. Recordemos que realizó proyectos similares en Milán, con el propósito de desviar el río Arno. Y meses antes de morir, se embarcó en otro proyecto similar, pero en Francia.

Seguía utilizando cadáveres

A pesar de sus espléndidos estudios sobre la anatomía humana, Leonardo deseaba investigar mucho más. Aprovechando su fama, recorrió los hospitales de Roma en busca de cadáveres para diseccionarlos. Como era habitual, solían entregarle los que nadie reclamaba por pertenecer a visitantes faltos de identificación o a mendigos sin domicilio fijo. Se calcula que llegó a diseccionar unos treinta y siete cuerpos.

Gracias a su audacia, cuando muy pocos galenos de la época se atrevían a tanto al preferir fiarse de los libros, describió las funciones vitales del organismo humano: lo mismo del hombre que de la mujer. Sus investigaciones y dibujos fueron tan exactos, que en la actualidad se incorporan a muchos grandes Tratados de Anatomía.

Para los trabajos de disección se fabricó su propio instrumental, porque no existía. Esto le permitió ser el primero en observar, dentro del cuerpo, los efectos de la arteriosclerosis:

"masas pétreas del tamaño de unas castañas y del color de unas trufas instaladas en las venas".

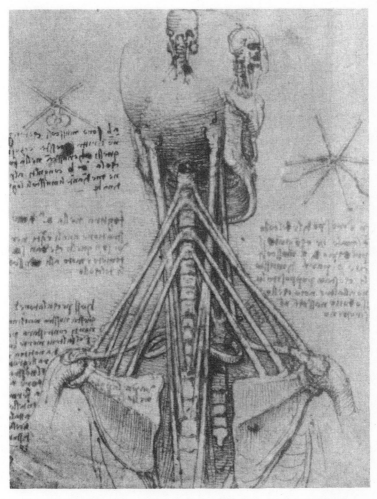

Otra de las láminas de Anatomía. (Biblioteca Real. Windsor. Inglaterra.)

Los dibujos que realizó de los canales sanguíneos resultan tan perfectos, que debió inyectar cera en los mismos para darle el volumen necesario. Recurso que emplearían en el siglo XVII los famosos anatomistas holandeses Albinus y Ruysch. También investigó el desarrollo de los fetos humanos.

Claro que Leonardo no era médico, por lo que terminó provocando los celos de algunos que disponían del título. Envidiosos al saber que estaba diseccionando con tanta habilidad los cadáveres, presentaron varias denuncias. Todo este trabajo lo realizaba en el Hospital del Santo Espíritu, que después de haber sido renovado por Sixto IV Della Rovere, con la firme arquitectura de Baccio Pontelli, era uno de los mejores del mundo.

Se quería que volviese a pintar

Finalmente, el mismo Papa prohibió a Leonardo que siguiera con esa "labor tan indigna de robar cadáveres". Pero no se llegó a más. Porque se esperaba que volviera a pintar. Todos valoraban sus grandes conocimientos, lo que nadie dejaba de tener en cuenta es que desde el cuadro de "La Santa Cena" continuaba sin coger los pinceles para volver a asombrar al mundo.

Se tenía muy presente que Miguel Ángel se hallaba en lo más alto de su gloria: acababa de finalizar las pinturas de la Capilla Sextina. No nos atreveríamos a escribir que las gentes pretendieran un nuevo enfrentamiento entre las dos grandes figuras del arte italiano, como ya sucediera en la Sala del Gran Consiglio del Palazzo-Vecchio con las versiones de unas batallas. Pero algo parecido latía en los ambientes romanos.

Cuando veían al genio de Vinci tomando medidas, manejando el compás y la regla o entrando en los hospitales, muchos hubiesen querido exigirle que volviera a pintar. Por eso Castiglione comentaba:

"Uno de los primeros pintores del mundo desprecia este arte, a pesar de ser el único, porque prefiere ampliar sus conocimientos filosóficos. Cuando todos sabemos que estos conceptos nunca podrán ser llevados a un cuadro."

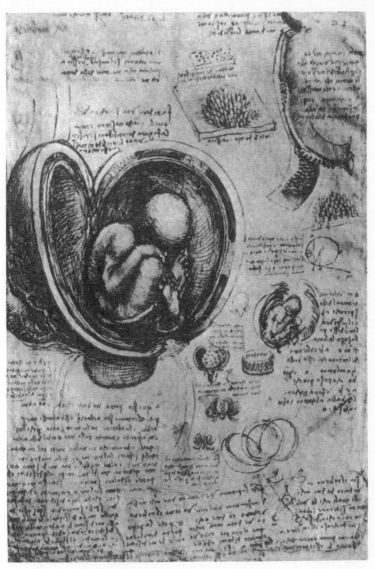

*Dibujo de un embrión. (Biblioteca Real de Windsor.
Inglaterra.)*

Vasari ofreció una versión similar en su biografía de Leonardo da Vinci:

Se cuenta que habiendo tenido el encargo de una obra por el Santo Padre, en seguida se dedicó a destilar aceites y hierbas para hacer el barniz, hasta el punto, de que el papa León dijo: "¡Ay de mí!, éste no tiene ganas de hacer nada, cuando empieza a pensar en lo último antes de comenzar la obra".

Es posible que, al fin , Leonardo realizase unos cuadros para messer Baldassarre Turini de Pescia. No obstante, nada se sabe de estas obras. De lo que hay noticias es que trazó los planos para una nueva cuadra encargada por "el Magnífico".

Duras críticas a los hipócritas

Leonardo se tropezó con ciertas críticas porque no asistía a misa, ni a los demás oficios religiosos, cuando se le veía paseando por las calles de la ciudad o trabajando en su taller los domingos y las demás fiestas. Y esto escribió en sus diarios:

"Existe entre el número de los ignorantes una cierta secta de hipócritas, que se afanan sin cesar para poder engañarse a sí mismos y a los otros, pero más a los otros que a sí mismos, pero que en realidad se engañan más a ellos mismos que a los otros. Y éstos son los que reprenden a los pintores que trabajan, los días festivos, en las cosas que pertenecen al conocimiento de todas las figuras que poseen las obras de la Naturaleza y que se aplican a perfeccionarse tanto como les sea posible."

El genio de Vinci se alzó frente a esta clase de hipócritas, fieramente consciente del carácter religioso de su estudio infatigable de la Naturaleza:

"Que estos reprensores se callen. Ya que ésta es la forma de conocer al Operador de tantas cosas maravillosas, y éste es el sistema de amar a semejante Inventor. El gran amor, en efecto, nace del gran conocimiento de la cosa que se ama; y si tú no la conoces no la podrás amar o sólo pobremente. Si tú la amas por el bien que esperas de ella y no por su gran virtud, imitas al perro que mueve la cola y hace fiestas levantándose ante el que le ofrece un hueso. Pero si el animal conociera la virtud de tal hombre, lo amaría mucho más."

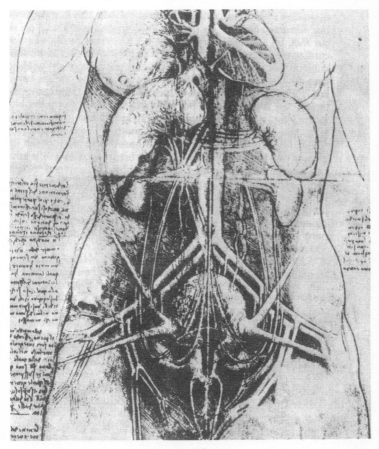

Los órganos del cuerpo femenino. (Biblioteca real de Windsor. Inglaterra.)

Ese Dios que se encuentra en la Naturaleza

Leonardo era la máxima representación del Renacimiento italiano. Por eso fijaba sus ojos en las cosas naturales, en todas las cuales descubría a un Dios muy especial:

"El mar en furia no levanta una muralla tan alta, como cuando el viento del Norte lo sacude, formando espumosas olas entre Scila y Caribdis, ni el Stromboli o el Mongibello cuando las llamas sulfurosas, mucho tiempo encerradas, irrumpen con fuerza y abren la gran montaña, lanzando al aire piedras y tierra vomitadas junto con la lava y el fuego. De la misma forma, cuando las llameantes cavernas de Mongibello devuelven el mal elemento que ellas no podían contener, arrojándolo de nuevo y depositándolo sobre su región con furia, empujando hacia adelante cualquier obstáculo que se interponga a su impetuosa furia... En cuanto a mí, empujado por mi irresistible deseo, me deleito viendo la gran cantidad de formas diversas y extrañas de la artificiosa Naturaleza; después de haber errado un tiempo entre escollos llenos de sombra, descubrí la entrada de una gran caverna, delante de la cual, me quedé algo estupefacto y extrañado por el tal descubrimiento; entonces, agachándome y apoyando firmemente la mano izquierda sobre mi rodilla, y haciendo una visera sobre mis ojos con la derecha, me doblé hacia uno y otro lado para ver si distinguía alguna cosa en su interior, pero la profunda oscuridad que reinaba me impidió ver hasta al cabo de cierto tiempo; de pronto dos cosas se despertaron en mi interior: miedo y deseo; miedo producido por la oscura y amenazante cueva, y deseo de ver si allí dentro había alguna cosa milagrosa."

Aquello fue un terror religioso. La agudeza de la milagrosa mirada que Leonardo, lo mismo cuando pintaba que al escribir, lanza sobre la Naturaleza no resulta suficiente para apagar su inagotable sed de conocer. Sus ojos recorren todas las superficies de las cosas existentes, para localizar la actividad permanente, y sorprender hasta la más mínima vibración. He aquí la esencia de un genio incansable.

"Quiero hacer milagros"

La disección de cadáveres había permitido que Leonardo se dedicara al estudio del feto dentro de la matriz. Anteriormente, pudo investigar la fisiología y la anatomía del hombre y de la mujer en sus distintas fases de crecimiento. También comprobó las formas del esqueleto humano, los órganos y las vísceras, para finalizar con la descripción de los sentidos y la demostración de sus cualidades y, finalmente, se entregó a la investigación del cuerpo hasta llegar a la muerte.

"Quiero hacer milagros", afirma con toda naturalidad en un singular escrito. Después prosigue de esta manera:

"Para llevar a cabo esos estudios, te sentirás menos tranquilo que aquellos que llevan una vida sosegada, o aquellos que desean enriquecerse en un día. Durante mucho tiempo vivirás en gran pobreza, cual fue, y siempre será, para los alquimistas, los inventores y, en suma, para los estúpidos nigromantes y magos.

"Y tú, que crees preferible el ver cómo se hace la anatomía que el ver los dibujos, estarías en lo cierto, si es que posible fuere ver realmente todo cuanto estos dibujos muestran en una sola figura, en la cual, con todo su genio, no has de contemplar y de conocer sino unas cuantas venas. Mientras que yo, para abarcar real y enteramente su conocimiento, he disecado más de treinta cuerpos humanos, separando todos sus miembros, consumiendo, en partículas ínfimas, toda la carne que se hallaba en torno a las venas, y esto, sin derramar sangre, salvo la casi invisible de las venas capilares. Un solo cuerpo no dura el tiempo necesario; es menester proceder de mano en mano, con varios cuerpos, para lograr el conocimiento completo y, con frecuencia, empezar por dos veces, para dar con las diferencias.

"Y si en verdad amas esto, tal vez te lo impida la repugnancia de tu estómago, y, si no te lo impide, te dé miedo el pasar las horas nocturnas en compañía de unos muertos descuartizados y abiertos, cuya vista es espantable; y si también te sobrepones a esto, carecerás de la técnica del dibujo, requeridas por semejante figuración.

159

"Y si posees el dibujo, ¿acaso conoces la perspectiva? ¿Y acaso también posees el orden de la demostración geométrica, y el cálculo de las fuerzas y procederes de los músculos? Por último, te faltará la paciencia y no serás diligente.

"Si yo poseo, o no poseo, todas estas cosas, lo han de decir los ciento veinte libros que he compuesto; pues, para hacerlos, no me dejé detener por la codicia ni por la negligencia, sino únicamente por el tiempo."

Sólo entenderemos exactamente el sentido de lo que acabamos de leer recordando que, en aquellos tiempos, la anatomía ni siquiera se estudiaba en las universidades de Medicina. Por eso resulta lógico que nos formulemos la pregunta si entre la antigua Roma y el Renacimiento no se produjo una fabulosa regeneración de la humanidad entera. Esto opina F. Gidón en su obra "Presse Médicale":

Mas, antes de que surja el Renacimiento, fue menester que Occidente sufriera la época de los siglos de oscuridad. Entre el año 200 y el año 1200, la potencia de la contemplación se halla en letargo. Los monjes que transcriben a Plinio, a Dioscórido, o los libros de hierbas, ilustran el capítulo del fresal reproduciendo unas copias, ya imposibles de reconocer, de los viejos dibujos de Crate, y no ven el fresal que crece en su jardín. La anatomía moderna no existe todavía con Mondino, quien diseca ayudándose con las traducciones latinas que entonces había, de las versiones árabes y de los autores griegos; y he ahí la causa de la efímera existencia de una lengua científica derivada de las radicales árabes. La anatomía nace, por fin, con Leonardo da Vinci, cuyas disecciones, cuyos ensayos de anatomía comparada (verbigracia, acerca del brazo del hombre, la pata del caballo y el ala del pájaro), cuyos métodos técnicos (inyecciones de cera en las cavidades del cerebro), inmediatamente consiguen sobrepasar toda la herencia de la antigüedad.

160

Ésta es la realidad. Los que amamos el arte debemos olvidarnos de ser exigentes con Leonardo. Realizó pocas pinturas y menos esculturas; sin embargo, se entregó a unas investigaciones científicas de un valor incalculable. Pocas veces erró en sus deducciones, abrió infinidad de caminos a las generaciones venideras y dejó la sensación de que nos hallamos ante un titán del pensamiento, frente a una intuición que lo percibía todo y a una mente tan brillante que nunca dejará de deslumbrar a quienes empiezan a conocer su apasionante biografía.

"Leda y el cisne". (Colección Spiridon. Roma.)

Nuevos trabajos menores

En octubre de 1515, Leonardo acompañó al Papa León en unos viajes por Bolonia y otros lugares. Existe la prueba de un esplendido mapa de este recorrido que él mismo realizó. Épocas de inquietud, porque Francisco I, rey de Francia, acababa de entrar en Milán y parecía dispuesto a conquistar más territorios italianos, hasta llegar a Roma.

Mientras los demás se preocupaban por una posible guerra, el genio de Vinci seguía ampliando sus conocimientos. En esta ocasión se dedicó a estudiar el antiguo puerto de Trajano. Como en él era habitual, trazó unos proyectos para recuperar un grupo de edificios antiguos. En sus diarios planteó el trabajo como si ya estuviera realizado, pues no faltan los detalles de las piedras necesarias, de la argamasa y de la mano de obra. Y no olvidó esos comentarios tan personales:

"La ola se desplaza bajo la superficie del mar y deja detrás de ella toda la espuma que forma. Es una cosa viva..."

Días más tarde escribió a Bartolomeo Turco:

"Observa en el movimiento y respiración del hombre, y si el ritmo del movimiento del agua atraído por la tierra cada 12 horas por medio del flujo y el reflujo, nos podría demostrar la grandeza del pulmón de la tierra. Diríamos de este modo: el pulmón del hombre es de media braza cuadrada y respira 270 veces por hora. ¿Cómo será, pues, de grande el pulmón de la tierra para respirar solamente una vez cada 12 horas?"

Leonardo buscaba respuestas y podía confundirse. Lo que importa es volver a comprobar que su mente nunca se detenía, a pesar de que se estuviera dedicando de nuevo a unos trabajos menores. Se hallaba en su derecho, como al emplear ese tiempo a comprobar que su pecho respiraba 270 veces por hora.

Volvió a estudiar la botánica. Le entusiasmaban las plantas, como lo demuestran sus numerosos dibujos. Se diría que estaba mostrando unos seres vivos, de ahí que estas investigaciones, junto con las anatómicas, sean consideradas como las más importantes del genio de Vinci.

Por medio de largas investigaciones, había descubierto que las "plantas respiraban", pero de tal manera que si ocupaban las principales calles de las ciudades conseguirían hacer más respirable el aire de la misma. Es posible que fuese de los primeros en descubrir que los troncos mostraban la edad de los árboles. Sus averiguaciones en este terreno fueron tantas que nos falta espacio para mencionarlas.

"Leda", un cuadro controvertido

A lo largo de mucho tiempo se consideró que el cuadro representativo de la mítica Leda era obra de Rafael. Alguien leyó el "Tratado" de Lomazzo, y pudo comprobar que se mencionaba un cuadro de Leonardo, en el que había representado a una Leda completamente desnuda con el cisne. Siguiendo el rastro dejado en Francia por esta obra, se pudo saber quién había sido su creador.

Como es materialmente imposible deducir en qué momento el genio de Vinci pintó una obra de estas características, vamos a comentarla apoyándonos en la experiencia de Fred Berence:

Pero, ¿a quién atribuirle la espléndida Leda de la antigua colección de Ruble, en París, actualmente en la valiosa colección Spiridon, en Roma? Si se juzga por unas fotos recientes, se trata, desde luego, de una verdadera obra maestra, que nada tiene que ver, aparte del tema, claro está, con las demás Ledas. La voluptuosidad del cisne-dios, que abraza con su ala poderosa el cuerpo de la mujer; la entrega feliz de Leda; su sonrisa beatífica, mientras contempla los cuatro niños que se hallan en tierra; la belleza de las manos, de los pies, de la cabellera, del paisaje, de los árboles, de las flores, de las rocas de basalto que recuerdan las de La Virgen de las Rocas, evocan a un gran maestro. Incluso el acabado de la pintura, que aparece excluir a imitadores y a discípulos de Leonardo, recuerda, en forma harto curiosa, los cuadros más hermosos de las postrime-

rías del Cuattrocento: los de los pintores orfebres de Florencia. Casi podría decirse que fue pintada por Lorenzo di Credi, en su juventud, bajo la influencia del propio Leonardo.

Algunos detalles autorizarían se la asemejara al cuadro de Vertumnus y Pomona, *atribuido a Melzi. Pero, en su conjunto, la* Pomona, *aunque de muy buena calidad, es inferior a la* Leda *de la colección Spiridon.*

¿Acaso Melzi, en un rapto de entusiasmo, copió el cartón del maestro, y Leonardo corrigió después el cuadro, cual tantas veces hizo? Es ésta la hipótesis más verosímil. Hipótesis robustecida además por el testimonio del monje Mazzenta, uno de los herederos de los manuscritos de Leonardo, y a quien fue dado ver las obras de Melzi. "Francesco Melzi -dice él- acercábase más que ningún otro a la manera de Vinci. Trabajaba poco, porque era rico, pero sus cuadros están bien acabados, y a menudo se les confunde con las obras del maestro."

Parece ser también que esta Leda, *purificación y divinización de la voluptuosidad, es, realmente, la que se encontraba en Fontainebleau, y que provocó el entusiasmo de Cassiano del Pozzo. En efecto,* Leda *se hallaba representada en pie, y casi desnuda; a su lado, en el suelo, veíanse dos huevos, de los cuales salían cuatro gemelos: Helena y Clitemnestra; Cástor y Pólux. Un paisaje, meticulosamente acabado, circundaba el tema principal. La obra componíase de tres tablas.*

Los primeros achaques

Súbitamente, Leonardo cayó enfermó de malaria. Era la primera vez que le sucedía. Se curó por sus propios medios, aunque le quedaron unos achaques. Sabemos que sus servidores no le atendieron muy bien, debido a que en sus cuadernos de notas aparecen muchos reproches en este sentido.

Acaso otra de las secuelas fuera que su sentido del humor se volvió más ácido y agresivo. Por ejemplo, acostumbraba a fabricar grandes vejigas que, por medio de un sistema oculto de hinchado, agrandaba sorpresivamente cuando un conocido acababa de entrar en la habitación-trampa. Esto provocaba un sobresalto terrible, ya que encima la estancia se hallaba totalmente a oscuras.

"Ornithogalum umbellatum y Euphorbia". (Biblioteca Real. Windsor. Inglaterra.)

Otra de sus bromas fue la de convertir un gigantesco lagarto en un "monstruo aterrador". Para ello lo cubrió con escamas de peces y serpientes, cuernos, alas negruzcas y otros elementos propios de un diablo. Solía mantenerlo oculto; y mientras hablaba con alguien, lo dejaba suelto por medio de un mecanismo especial. Dado que el "animalito" se subía a la mesa, al haber sido bien entrenado, el visitante se llevaba un susto terrible.

También utilizaba huecas figurillas de cera que, al llenarlas de aire caliente, se elevaban en el aire y planeaban. El hecho de comprobar el miedo en el rostro de sus visitantes le causaba una alegría infantil. Ciertamente, estos juegos eran indignos de un genio.

Las otras heridas de la enfermedad

El hecho de saberse vulnerable a las enfermedades, sumió la mente de Leonardo de imágenes apocalípticas. Sus dibujos comenzaron a recoger fabulosas nubes de tormenta, terremotos y otros cataclismos. Los acompañó con textos como éste:

"Y las rocas provocan que los árboles abatidos muestren sus raíces al cielo. Y en las montañas, lavadas hasta la más extrema desnudez, salen a la luz las profundas simas y hendiduras de antiguos seísmos."

No se ahorró la descripción de las calamidades que azotan a los seres humanos. Estas ideas jamás las utilizaría en otros cuadros, ni en ilustraciones, porque eran la muestra de la desesperación que le afligía. Su mente se hallaba muy herida. Tendría que salir de Roma para recuperarse parcialmente. A partir de ese momento ya se mostraría menos cruel consigo mismo.

La muerte de Giuliano "el Magnífico"

El 17 de marzo de 1516, murió de tuberculosis Giuliano de Médicis, "el Magnífico". Leonardo se quedó en Roma sin su protector. Entonces creyó que allí nadie le quería; pero no escri-

166

bió ningún reproche. Algunos historiadores cuentan que eran muchos los enemigos del genio florentino, lo que consideramos algo novelesco.

En el mes de agosto del mismo año, se encontraba cerca del Vaticano. Allí tomó las medidas de la Basílica de San Pablo:

Estudio de diferentes cabezas. (Colección de la Casa real británica. Windsor.)

"El edificio principal se compone de 5 naves, 80 columnas y la anchura de sus naves de 130 brazas y desde la escalera del altar mayor a la puerta 155 brazas y desde estas escaleras hasta la última pared detrás del altar mayor, 70 brazas. El pórtico es largo 130 brazas y ancho 17 brazas."

Por los apuntes que acompañan a este texto, se puede decir que efectuó reparaciones en algunos edificios antiguos. Unos trabajos para subsistir en un lugar donde todo le invitaba a marcharse. Se sentía espiado desde que le faltaba el amigo y protector.

A finales de 1516 dejó Roma, donde ya no volvería jamás. Su nuevo destino era Francia, un país que sentía por él una auténtica veneración...

¿Cómo se ha podido escribir que "Leonardo huyó de la ciudad eterna por lo mucho que envidiaba a Miguel Ángel"?

Estos dos colosos del arte se encontraban demasiado por encima de los hombres y mujeres de su época. En el Olimpo había espacio suficiente para ambos. Nada les diferenciaba, excepto que Leonardo poseía una mente más abierta a todos los conocimientos, ofrecía un mayor sentido de lo universal.

CAPÍTULO XIII

FRANCIA LE VENERABA

Una singular relación

Desde 1501 los reyes de Francia consideraban que Leonardo era "su pintor". Se cree que existía un contrato, que nadie ha encontrado, o algún tipo de compromiso de tipo verbal o moral. Porque mucho antes los franceses le habían entregado por completo su veneración, especialmente al comprar las copias de sus pinturas, sus dibujos y no dejar de escribir elogiosamente sobre "La Santa Cena" y los demás cuadros. También conocían su ingente labor en todos los terrenos del conocimiento humano.

Nos estamos refiriendo a la Francia culta. Creemos que se puso al servicio de Francisco I a mediados de 1515. Al parecer, en una de las fiestas celebradas por el reencuentro, el genio de Vinci fabricó un autómata fabuloso: un león que dio unos pasos y se detuvo a una prudente distancia del monarca galo; entonces, se le abrió el pecho, para que salieran banderolas con los colores propios de la monarquía gala. El mecanismo del autómata era de relojería. Lástima que no se conserve. Conocemos su existencia por diferentes escritos de la época.

Semanas más tarde, Francisco I debió salir de viaje. Leonardo quedó en Milán al lado de Messire Artus, el maestro de Cámara y favorito del rey. Se dedicó a dibujar. Las hojas de sus cuadernos se llenaron de figuras caricaturescas de franceses, nunca pintados en plan burlón. Se diría que necesitaba familiarizarse con su nuevo ambiente, al saber que las ciudades italianas ya no le decían nada. Debía viajar a un lugar donde se le estimara de verdad.

El mejor de los tratos

Leopoldo Mabilleau cuenta en un artículo sobre "Leonardo en Francia":

...Francisco I era sin duda ardiente, generoso y caballeroso, admirador de las cosas bonitas, pero al mismo tiempo ligero e incapaz de apreciar el arte profundo y misterioso de Vinci. Le gustaba la magnificencia exterior, la decoración, el desarrollo de los colores y de los movimientos, cosas, todas ellas a las que Leonardo desprecia cada día más. Por otra parte, no le falta el gusto ni la intuición y sobre todo sabe que desde hace quince años el genio de Leonardo se ha "puesto a sueldo" de Francia y que de algún modo forma parte del patrimonio de la nación, ampliado por la herencia y la conquista. Leonardo es la gloriosa "herencia" de Luis XII que lo había comprado, como se puede comprar a un genio libre, es decir, por medio de la más fervorosa admiración y de la devoción más fiel. Habiendo hallado al gran viejo solo y aislado ya no duda, y para decirlo le hace una oferta verdaderamente real, una pensión de 7.000 escudos de oro y un "palacio a su gusto en la más bonita región de Francia".

Sobre todo, le penetra y halaga su genialidad; lo toma a su servicio, no sólo como pintor y escultor, sino también como ingeniero, arquitecto, técnico hidráulico, "maestro de toda ciencia y arte". Es la potencia espiritual y dinámica del mundo, reunidas en un solo hombre, que se lleva consigo a su país para transformarlo y engrandecerlo.

Pierre Gauthiez relató, en un interesante artículo de la "Gazette des Beaux-Arts" (1915), el viaje en el que Leonardo acompañó al rey, y que procuraba complacerle atendiéndole en todo con solicitud. Vinci se llevó consigo a su alumno predilecto Francesco Melzi y a un buen servidor, Battista de Villanis.

"Retrato de un músico". (Pinacoteca Ambrosiana. Milán.)

Tomaron la dirección de Provenza en enero de 1516 y durante el viaje encontraron a la reina Luisa de Saboya, madre del rey, que se prendó a su vez del ilustre huésped y le ofreció como morada el pequeño castillo de Vloux que había adquirido

hacía poco tiempo, cerca de Blois, a la orilla del Loira, en la
más "dulce" y deliciosa situación de aquella región feliz.

Un "paraíso" para el genial anciano

Leonardo llevaba consigo los cartones de "Santa Ana", dos cuadros terminados, "Leda" y la "Bella Ferronnière", y otros a punto de finalizar, la "Gioconda" y el "San Juan". Como se encontraba tan a gusto con los franceses, no le importó dejar en Fontainebleau sus tres primeras obras. Las otras seguirían a su lado.

También conservó un gran número de cuadernos de notas e infinidad de dibujos. Es difícil averiguar los que realizó en su primera etapa francesa. Le agradaba muchísimo el castillo, porque cuando se asomaba por cualquiera de sus ventanales, balcones, puertas o terrazas, el paisaje que contemplaba resultaba paradisiaco. No le faltaba de nada. Seguía comiendo preferentemente vegetales, sólo bebía agua y dormía muy poco.

Una de sus principales ocupaciones era seguir la evolución pictórica de Francesco, sin importarle que le estuviera imitando el estilo hasta el punto de que algunas de las obras de éste han sido consideradas de aquél, su maestro.

La parálisis no afectó a su mente

Se desconoce en qué momento Leonardo advirtió que sus brazos no le obedecían. Cuando una parálisis parcial le impidió coger el pincel, recurrió a métodos que conocía: sumergir el brazo en una mezcla de agua caliente, hierbas silvestres y unos componentes químicos. En vista de que no se curaba, se puso en manos de los médicos del rey de Francia, que nada pudieron hacer por restablecerle.

Resignado al conocer las secuelas de la vejez, se dedicó a aconsejar a Francesco y a otros jóvenes. Se diría que deseaba que pintasen lo que él tenía en la cabeza. Fruto de esta colaboración fueron los cuadros "Vertumo y Pomona", que hoy se encuentra en Berlín, y la "Colombina", la cual se guarda en el Ermitage.

No obstante, había encontrado otro motivo más importante en el que ocupar su mente: el río Loira. Mientras observaba los remolinos y la fuerza de la corriente, comenzó a pensar en las aplicaciones. No muy lejos se encontraban unas tierras secas, que podían ser regadas con las aguas excedentes que iban al mar. Además pensó en hacer navegable una parte del río. Como había sucedido tantas veces, el proyecto se consideró irrealizable.

Otra de sus ideas fue modificar las calles del pueblo cercano con casas prefabricadas. Se le ocurrió mientras diseñaba unas caballerizas para Francisco I. Por cierto, éste siempre hacia una escapada para visitar a "su divino pintor".

Y cuando Lorenzo de Médicis se casó con una hija del rey de Francia, Leonardo se encargó de organizar unos festejos que se prolongaron cuatro semanas: torneos y banquetes en los que unos cañones disparaban globos; y por las noches el cielo resplandecía con las tracas de cohetes más espectaculares. Todo obra del fabuloso maestro de escena.

Un palacio para Francisco I

A Francisco I le encantaron los diseños de Leonardo sobre un pueblo ideal, con unos edificios que reunían todas las comodidades de la época y, además, disponían de agua corriente y cloacas. Por este motivo le encargó el plano de un palacio grandioso, rodeado de un jardín con pórticos que contase con salas de baile, pabellones de juego y amplias estancias para los huéspedes. También solicitó un estanque en el que se pudieran celebrar los duelos acuáticos.

El genio de Vinci tuvo muy en cuenta todas estas peticiones. Como en él ya era habitual, planeó un edificio impresionante, tan hermoso como costoso. No olvidó para nadie la higiene; y las tuberías de los desagües las ocultó en las paredes. Procuró que los olores desagradables desaparecieran inmediatamente por medio de unos respiraderos-ventiladores. Gracias a un original sistema de contrapesos las puertas se cerrarían automáticamente. Todos estos detalles se incluyen en el "Codex Atlanticus", que es uno de los diarios manuscritos de Leonardo.

Nunca se construyó ese palacio ideal. La mayoría de las novedades que inventó el genial florentino se añadirían al palacio de Versalles tres siglos más tarde. Sin embargo, nadie cayó en la cuenta de que pudieron utilizarse mucho antes.

Pintó su último autorretrato

Lo suyo no puede ser considerado un acto de vanidad. Quiso dejar a la posterioridad su último autorretrato. Debió suponerle un gran esfuerzo por culpa de la parálisis. El hecho es que colocó un gran espejo en una mesa y se dibujó a la sanguina, lo que no resultaba tan complicado como servirse de los pinceles y la paleta de colores.

Lo que nos legó fue el rostro de un anciano majestuoso e impresionante, tanto que muchos ilustradores lo han tomado como referencia para dar imagen al mago Merlín, el de la Tabla Redonda, o a otros personajes fantásticos. Los ojos, la boca severa y disciplente y las arrugas de la cara, que no queda oculta por una barba blanca, delata los grandes combates mentales que estaba librando Leonardo. Se diría que es un Moisés frustrado, aunque se niegue a reconocerlo, debido a que en su ascensión del monte Sinaí no ha encontrado el apoyo de Jahvé.

Y si hemos realizado esta comparación es porque el genio de Verdi había vuelto la mirada a la religión. Tan cercana la muerte, pues el plazo de uno o dos años hasta el fatídico desenlace no le alejaba demasiado de ésta, quiso hablar con algunos sacerdotes. De poco debía arrepentirse. ¿Vamos a olvidar que el mismo cristianismo dice que "sólo pecan quienes son conscientes de que están pecando"?

Uno de los últimos reproches que se hizo fue el de no haber empleado más tiempo de su arte en plasmar los resortes del espíritu.

Dos comentarios muy reveladores

Cellini escribió un singular comentario sobre las relaciones que el rey de Francia mantenía con Leonardo en el año 1517:

Autorretrato de Leonardo. (Biblioteca Nacional. Turín.)

No quiero dejar de repetir las palabras que he oído decir al monarca refiriéndose a Leonardo, palabras que me ha dirigido a mí mismo, en presencia del cardenal de Ferrara, del cardenal de Lorena y del rey de Navarra; dijo que no creía que hubiese nunca en el mundo un hombre de mayor saber que Leonardo y esto no solamente en escultura, pintura y arquitectura, sino también en filosofía.

Por aquellas mismas fechas el cardenal Luis de Aragón hizo una visita a Leonardo. El comentario de este momento se lo debemos a Antonio de Beatis, que era el secretario del prelado:

En una de las villas, el señor cardenal, acompañado por nosotros, rindió una visita al señor Leonardo de Vinci, florentino, viejo de unos 70 años, el pintor más excelente de nuestra época. Mostró a su Ilustrísima Señoría tres cuadros, uno de una cierta dama florentina ejecutado del natural, a instancias del difunto Giuliano de Médicis, otro de san Juan Bautista, y un tercero de la Virgen y el Niño, sentados los dos sobre las rodillas de Santa Ana y totalmente acabados. Es cierto que no se puede esperar ya gran cosa de él, a causa de cierta parálisis que le ha venido a su brazo derecho. Tiene a su lado a un joven milanés que trabaja muy bien. Y como dicho señor Leonardo no puede poner los colores con la suavidad a que estaba acostumbrado, se dedica, sin embargo, a realizar dibujos y a enseñar a otros. Este gentilhombre ha realizado dibujos de anatomía muy acertados, sirviéndose de la pintura para su demostración; dibujos que reproducen los miembros, los músculos, los nervios, las venas, las articulaciones, los intestinos y todo lo que se puede exponer de los cuerpos de los hombres y de las mujeres, y de una manera tan perfecta que ninguna persona lo ha realizado igual hasta el momento. Nosotros lo hemos visto con nuestros propios ojos; nos ha contado que había hecho experiencias sobre más de treinta cuerpos, entre masculinos y femeninos, de

todas las edades. Ha hecho igualmente trabajos sobre la natu-
raleza de las aguas, inventando diferentes máquinas y otras
cosas que, nos ha dicho que ha descrito en infinidad de volú-
menes, todos en lengua vulgar, que si son publicados serán
aprovechables y muy agradables de leer.

Siempre fue italiano

Leopoldo Mabilleau ofrece esta espléndida verdad:

Se ha entregado entonces a Dios sin reservas, con un
abandono conmovedor, del cual encuentro la expresión en su
último dibujo, en el que se representa a sí mismo en la terraza
de Cloux. Un anciano envuelto en una capa, apoyado en un
tronco de árbol, con la barbilla descansando sobre un bastón de
pastor y contemplando las aguas de un río que él había querido
encauzar y hacer útil y cuyos meandros se contenta con seguir
ahora con la mirada, como si se tratara de la imagen retros-
pectiva de su vida. En esta actitud abandonada y melancólica
ya no existe cólera ni sublevación, sino la serenidad y la resig-
nación y quizás un destello de dulzura y de esperanza.

Un estudio de este tipo, de extensión necesariamente
limitada y de modesto interés, exige todavía una conclusión.
Ésta es verdad la parte más difícil e ingrata de mi cometido.

Leonardo ha llegado a Francia con grandes proyectos,
viviendo durante tres años en continua relación con la Corte,
protegido por los favores reales y rodeado por la admiración y
respeto de todos. Pero, ¿qué ha hecho y cuáles han sido los
resultados útiles de su actividad, para él mismo y para el país
que le acogió? La más optimista voluntad de observación está
paralizada por la triste evidencia.

Al "servicio de Francia", como decían los franceses,
Leonardo permaneció con el espíritu más especificamente ita-
liano que se pueda conocer. Los "argumentos" de sus obras, la
concepción, la ejecución y la inspiración, no manifiestan en
estos quince años de relaciones constantes la mínima influencia

del espíritu de los soberanos y de la nación protectora. Los reyes franceses lo admiran, le hacen encargos, compran, pagan los cuadros, reciben y mantienen al gran artista, que se presta a su culto, pero ni por un momento tiene la intención de dirigirlo o asimilar sus ideas. Es una gran prueba de liberalismo que ninguno de sus protectores italianos le dio, ni la Señoría florentina, ni el prior de los servitas de Santa María de las Gracias.

Necesitaba reconciliarse con todos

Durante el invierno de 1518-19, Leonardo supo que le quedaban pocos meses de vida. Redactó su testamento ante el maestre Guillermo Boreau, notario real en la corte de la Bailía de Amboise. Lo escribió el maestre Espíritu Fleri, vicario de la iglesia de San Dionios. Y fueron testigos Guillermo Croysant, hermano y capellán; dos monjes italianos de la orden de los Hermanos Menores; y Francesco Melzi, hidalgo de Milán.

Una de las peticiones del genio de Vinci fue que se le enterrara con ciertos honores, sobre todo debían acompañarle sesenta pobres de la comarca llevando cirios encendidos. Todos ellos tendrían que ser bien recompensados.

Consiguió reconciliarse con sus hermanastros y demás familiares, de los que se había distanciado por culpa de unas herencias. Una acción muy generosa por su parte, debido a que había sido víctima de la codicia de todos ellos. Falleció el 2 de mayo de 1519.

Testamento de Leonardo

El 23 de abril de 1519, el notario Giullaume Boreau recibió un testamento de Leonardo, en el que demostró la intensidad de sus sentimientos religiosos y de su afecto por los que se encontraba a su lado:

"Ser Giuliano y sus honorables hermanos:

"Espero que habréis sido advertidos de la muerte del maestro Leonardo vuestro hermano, y para mí el padre más excelente, muerte que me ha causado tan gran dolor que me es imposible expresarlo. En tanto que mis miembros estén vivos, seré presa de una constante desdicha y esto porque estaré privado del amor profundo y ardiente que me testimoniaba cada día.

Dibujo de anciano sentado, que puede ser Leonardo.
(Biblioteca Real de Windsor. Inglaterra.)

"La pérdida de tal hombre ha sido un motivo de aflicción para todos, pues la naturaleza no sabrá producir otro parecido. Ahora, que Dios Todopoderoso le conceda el eterno reposo. Ha dejado esta vida presente el 2 de mayo, con todas las ayudas que proporciona la Santa Madre Iglesia y en las mejores disposiciones. Estaba en posesión de una carta del Cristianísimo Rey autorizándolo a testar y a dejar lo que poseía a quien él quisiera, ya que de acuerdo con la ley, *Eredes supplicantis sint regnicolae*; sin la mencionada carta, no habría podido hacer un testamento válido y todo lo que ha dejado se habría perdido, conforme a costumbre de este país. Tengo intención de hablar aquí de lo que ha dejado. El maestro Leonardo ha hecho un testamento que yo os habría mandado si hubiera podido hacerlo con una persona de confianza. Estoy aguardando a un tío mío que me viene a hacer una visita y que se volverá en seguida a Milán. Se lo daré y él os lo entregará. No encuentro otro medio de comunicároslo. En el testamento, en lo que concierne, el maestro Leonardo dijo simplemente haber dejado en Santa María la Nueva, en manos del camarlengo, con los papeles firmados y enumerados, 400 escudos del Sol, al 5% de interés, de cuya imposición se cumplirán seis años el 16 de octubre próximo. Deja igualmente un terreno en Fiésole que desea que os lo repartáis vosotros. El testamento no contiene ninguna otra cosa que os concierna, pero yo me pongo a vuestra disposición para todo lo que pueda valer o poder, siempre dispuesto a satisfacer vuestros deseos y recomendándome a vosotros.

"Dada en Ambroise, el primero de junio de 1519.

"Hacedme llegar una respuesta por medio de los Gondi.

"Tal como si fuera vuestro hermano Franciscus Mentius."

Sólo es una hermosa leyenda

Vasari escribió un final para su corta biografía de Leonardo que sólo podemos considerar una hermosa leyenda:

Viéndose próximo a morir, disputó acerca de cosas católicas: tornó al buen camino, y volvió a la religión cristiana con muchas lágrimas. Como no le era posible mantenerse en pie, quiso recibir fuera de su lecho, y en brazos de sus amigos, al Santísimo Sacramento. Llegó el rey, que lo visitaba a menudo; por respeto, Leonardo se incorporó del lecho, le expuso la naturaleza y las vicisitudes de su enfermedad y, además, mostró cuanto había ofendido a Dios y a los hombres al no hacer de su arte el empleo que convenía. En ese momento le ocurrió un espasmo, anunciador de la muerte; el rey se puso en pie y le sujetó la cabeza, para ayudarle y testimoniarle su favor, con objeto de aliviar su sufrimiento; pero este espíritu divino, comprendiendo que nunca habría ya de recibir honor más grande, murió en brazos del rey, a la edad de setenta y cinco años.

Es imposible que Francisco I pudiera encontrarse al lado de Leonardo porque se hallaba a muchos kilómetros de distancia. Precisamente, en San German, donde había nacido su segundo hijo, el futuro Enrique II. Nada más recibir la Extremaunción, el genio de Vinci, el hombre más grande que han conocido los siglos, murió con la sola compañía de fiel Melzi. "El Creador de tantas cosas maravillosas en la tierra, al fin iba a encontrarse con el Creador de todo lo existente."

Cuando el monarca conoció el fallecimiento de "su divino artista" lloró amargamente. De esto no hay duda, porque han quedado muchos testimonios de otros que también sollozaron.

Podría discutirse eso de que Leonardo "torno al buen camino, y volvió a la religión cristiana". Nunca había sido un cristiano practicante; sin embargo, mantuvo una conducta impecable. Nunca podremos olvidar este escrito suyo:

"Nuestro espíritu, aunque la mentira sea su quinto elemento, no deja de considerar la verdad de las cosas como alimento soberano, no ya para los espíritus vagabundos, sino para los verdaderos intelectos.

"De una ojeada, miras esta página y la ves llena de letras diversas, mas no las ves todas ni adviertes su significado: precisas leer palabra por palabra. Para subir a un edificio has de elevarte, peldaño por peldaño."

Esto es lo que Leonardo realizó: anduvo despacio, sin perder ni un solo detalle de todo lo que verdaderamente le interesaba; y jamás dio un paso atrás. Su prodigiosa capacidad de observación, la acompañó con la intuición imprescindible para adentrarse en los misterios de la ciencia y ponerlos al descubierto. Además, pintó como nadie lo había hecho hasta entonces; y esculpió un caballo que causó el asombro de Florencia, la ciudad que conocía a los mejores escultores del mundo.

No creemos desmerecer a Leonardo da Vinci al afirmar que fue el mayor "obrero de la inteligencia" que ha conocido la historia del mundo.

CAPÍTULO XIV

LA "RESURRECCIÓN" DE LEONARDO

Cuando el Renacimiento se "apagó"

El Renacimiento fue preferentemente italiano, aunque influyó en todas las naciones de Europa, hasta que cada una de ellas pudo gozar su "siglo de oro". La cima de esta revolucionaria manera de observar la Naturaleza de una forma lúcida y racional, que terminaría centrándose en la belleza perfecta entendida como categoría espiritual, la representaron Leonardo da Vinci, Miguel Ángel y Rafael. Hasta que llegaron artistas como Tiziano, Veronés Tintoretto y Jacopo Bassano que pusieron el gran colofón.

A partir del siglo XVII, se puede decir que el Renacimiento ya había declinado, para dar paso a otras formas de interpretar el arte, la ciencia y los demás valores culturales. Sin embargo, el cambio lo había impuesto el poder, especialmente la Iglesia. La aparición del protestantismo, unido a la importancia de Erasmo y de otros librepensadores cristianismo, llevó a que se temiera el brote de nuevos cismas. Bastante tenía el mundo con pensar en los nuevos continentes que se estaban colonizando, como América, Australia y las nuevas rutas marítimas abiertas rumbo a Asia. Convenía que el Renacimiento quedase apagado.

El Mundo desea saberlo todo

A finales del siglo XVIII y principios del XIX, con la aparición de las Enciclopedias británicas y francesas, un gran número de intelectuales se comprometieron a contar lo que había sucedido hasta entonces en nuestro planeta sin tergiversarlo. Así comenzaron a repasarse millones de hechos materialmente sepultados, en una labor minuciosa, pero tenaz, realizada por especialistas en todas las disciplinas del pensamiento, el arte y las ciencias, además de la moral. Sin olvidar la superstición y todas las parcelas más oscuras.

Esta corriente de búsqueda de la Verdad racional fue a coincidir con el florecimiento del Romanticismo. De pronto, unos pocos franceses fijaron sus ojos en la "Gioconda" y "El San Juan", para comenzar a elogiarlos. Como la emoción que les alentaba era sincera, dio origen a que se escribieran biografías de Leonardo, se recuperasen los escritos de Vasari y de otros autores italianos y surgiera, con la potencia de una resurrección, el genio de Vinci.

Los personajes más famosos publicaron sus opiniones: si Ingres prefería a Rafael, Delacroix se decantaba por Leonardo. El más importante de los poetas galos, Baudelaire, dedicó un hermoso poema al autor de "La Santa Cena". Esto dio pie a que se creará una escuela leonardina.

La memoria del gran creador no sólo se había recuperado del todo, sino que ya ocupaba el pedestal que merecía. Las gentes querían conocerlo todo sobre él, y se les proporcionó la información que necesitaban. Para eso se estaban publicando unas revistas culturales de una grandísima calidad. La fotografía se había instalado en todas las redacciones, y la obra de Leonardo comenzó a ser reproducida. Un buen número de eruditos se conformaron con la pintura y las referencias a la escultura, aunque les pareciera una obra escasa.

Los Manuscritos de Leonardo

Ya hemos hablado mucho de los Manuscritos de Leonardo; sin embargo, ahora nos importan para resaltar lo que significó su aparición paulatina. Porque en esta loable tarea adquirieron una gran importancia los investigadores ingleses, al clasificar todo el material que se encontraba en sus bibliotecas.

Así pudo empezar a conocerse la principal faceta del genio de Vinci: la de un investigador permanente.

En aquellos tiempos de los grandes inventos, con un Edison que ya había patentado la lámpara incandescente, mientras el mundo se comunicaba a través del telégrafo y comenzaba a hablarse por el teléfono, descubrir que un hombre del siglo XVI y principios del XVI había sido capaz de crear tantos ingenios se consideró algo prodigioso.

No obstante, se debió llegar al siglo XX, cuando se celebró el cuarto centenario de la muerte de Leonardo da Vinci, para que se efectuara una concienzuda investigación de la labor ingente de aquel "coloso del conocimiento". Entonces se supo casi todo sobre él, hasta que faltaban muchos de sus escritos, dibujos y cuadros. Sin embargo, con lo que se contaba ya era suficiente para tener una idea bastante aproximada del valor excepcional de aquel titán de todas las disciplinas relacionadas con la inteligencia.

Poliedro "mágico" creado por Leonardo. (Codex Atlanticus.)

Debemos resaltar que en 1967, se encontró uno de los manuscritos de Leonardo en la Biblioteca Nacional de Madrid. Esto nos lleva a suponer que podremos contar con todos ellos al cabo del tiempo. En realidad, la fama de Leonardo se debe al estudio de la física y de un modo especial al diseño de máquinas de los tipos más diversos. Suya fue la idea de descomponer una fuerza, según la componente, en la dirección del movimiento y en la perpendicular del mismo. Y estudiando la tensión de unos pedazos de cuerda, suspendida en dos puntos, dio la primera solución del problema de la composición de dos fuerzas concurrentes.

El Museo de la Ciencia y de la Técnica de Milán

En Milán se encuentra el fresco de "La Santa Cena", también el Museo de la Ciencia y de la Técnica. En varias de sus salas se han construidos infinidad de maquetas de los diseños de Leonardo, con lo que se puede comprobar que todo lo que su mente vio y creo hubiese podido funcionar en su tiempo. Pero nadie se atrevió a financiarlos, excepto algunas de sus ideas, y no las más importantes.

Se puede afirmar que el genio de Vinci llegó con su prodigiosa visión intelectual casi dos o tres siglos más allá de sus contemporáneos. Por eso, sin quererle tachar de loco, prefirieron darle largas o considerar que los proyectos eran excesivamente caros, cuando se estaba invirtiendo en tantas cosas inútiles.

Ya hemos resaltado que su máquina voladora, a la que sólo hemos dedicado unas líneas, causó el asombro de los técnicos de este siglo. Ahora sabemos que si se hubiera inventado entonces el motor de explosión, con esas alas de "murciélago" o de "ave fantástica" se hubiera conseguido volar. Lo mismo sucede con otros de los inventos de Leonardo. Pero nada ganaremos con lamentarlo. Lo que corresponde es felicitarse porque haya existido un Hombre de estas dimensiones, ante cuyo recuerdo inmortal sólo nos queda desear que nos sirva de ejemplo: poseemos una mente cuyo alcance es infinito, como Él nos demostró.

BIBLIOGRAFÍA:

Bautier, Pierre: *Leonardo en Bélgica*

Berence, Fred: *Leonardo da Vinci*

Bologna, Giulia: *Leonardo da Vinci*

Bongioanni, Fausto M.: *El estudio de Leonardo*

Borenius, Tancredo: *Leonardo en Inglaterra*

Canal Ramírez, Gonzalo: *Leonardo*

Carusi, E.: *Los manuscritos de Leonardo*

Clark, Kenneth: *Leonardo da Vinci*

Friedenthal, Richard: *Leonardo da Vinci*

Gentile, Giovanni: *El pensamiento de Leonardo*

Lavagnino, Emilio: *Leonardo en Roma*

Leonardo da Vinci: *Cuaderno de Notas*

Leonardo da Vinci: *Tratado de la Pintura*

Leonardo da Vinci: *Textos escogidos*

Leonardo da Vinci: *Codex Atlanticus*

Leonardo da Vinci: *Tratado del vuelo de los pájaros*

Lesseps, M. de: *Leonardo da Vinci*

Mabilleau, Leopoldo: *Leonardo en Francia*

Merezhkovski, Dmitri: *El romance de Leonardo (El genio del Renacimiento)*

Morán, Francisco José: *Leonardo da Vinci*

Penella, Carmen: *Leonardo da Vinci*

Poch Noguer, José: *Vida gloriosa de Leonardo da Vinci*

Pomillo, Mario: *La obra pictórica completa de Leonardo*

Racionero, Luis: *El desarrollo de Leonardo da Vinci*

Racionero, Luis: *Conocer a Leonardo da Vinci y su obra*

Rodrigues Gesualdi, Carlos A.: *Diario privado de Leonardo da Vinci*

Santi, Bruno: *Leonardo da Vinci*

Strozzi, Renato: *Leonardo da Vinci (el hombre, el artista, el genio)*

Valery, Paul: *Leonardo da Vinci*

Verdejo López, Carmen: *Leonardo da Vinci*

Villena, Luis Antonio de: *Leonardo da Vinci (Una biografía)*

Leonardo da Vinci (Editorial Everest)

ÍNDICE

turcos - Más ingenios para la guerra naval - Aquellos
importantes personajes "venecianos" - La Florencia de
Savonarola - Debió pintar por necesidad - Isabel de Este
necesitaba al pintor - Joven, ambicioso y populista.

Toda Italia se estremeció de horror - El astuto Maquiavelo
- Una corta estancia en Roma -La muerte del Papa
Alejandro VI - El ingeniero Leonardo da Vinci - Las
máquinas voladoras - El inevitable regreso a la pintura -
"La batalla de Anghiari" - La rivalidad de Miguel Ángel -
La opinión de Leonardo - "Tratado de los pájaros".

"El David" de Miguel Ángel - Un escandaloso pleito - El
reconocimiento universal - Unos sorprendentes estudios
- Leonardo se sentía incomprendido - El gran misterio de
una pintura eterna - El profundo significado de la
"Gioconda" - Italia continuaba siendo un campo de batalla
- Al final terminó el cuadro de "Santa Ana" - Al servicio
del rey de Francia - Medio año en Florencia.

La primera visita a Roma - Invitado por el cardenal
Giuliano - Esos molestos "abejorros" que hieren al león -
Seguía utilizando cadáveres - Se quería que volviese a
pintar - Duras críticas a los hipócritas - Ese Dios que se
encuentra en la Naturaleza- "Quiero hacer milagros" -
Nuevos trabajos menores - "Leda", un cuadro
controvertido - Los primeros achaques - Las otras heridas
de la enfermedad -La muerte de Giuliano "el Magnífico".

Una singular relación - El mejor de los tratos -
Un "paraíso" para el genial anciano - La parálisis